Bon vin, bon cœur, bonne santé!

Illustrations : Ivor Jones

Données de catalogage avant publication (Canada)

Jones, Frank

Bon vin, bon cœur, bonne santé : une journée sans vin est une journée sans soleil

Traduction de : The save your heart wine book.

1. Vin - Emploi en thérapeutique.   2. Cœur - Maladies - Prévention   I. Titre.

RM256.J6514 1996   615.8'54   C96-940736-X

DISTRIBUTEURS EXCLUSIFS :

- Pour le Canada et les États-Unis :
  LES MESSAGERIES ADP*
  955, rue Amherst
  Montréal, Québec
  H2L 3K4
  Tél.: (514) 523-1182
  Télécopieur : (514) 939-0406
  * Filiale de Sogides ltée

- Pour la Belgique et le Luxembourg :
  PRESSES DE BELGIQUE S.A.
  Boulevard de l'Europe 117
  B-1301 Wavre
  Tél.: (10) 41-59-66
       (10) 41-78-50
  Télécopieur : (10) 41-20-24

- Pour la Suisse :
  TRANSAT S.A.
  Route des Jeunes, 4 Ter
  C.P. 125
  1211 Genève 26
  Tél.: (41-22) 342-77-40
  Télécopieur : (41-22) 343-46-46

- Pour la France et les autres pays :
  INTER FORUM
  Immeuble Paryseine, 3 Allée de la Seine
  94854 Ivry Cedex
  Tél.: (1) 49-59-11-89/91
  Télécopieur : (1) 49-59-11-96
  Commandes: Tél.: (16) 38-32-71-00
                Télécopieur : (16) 38-32-71-28

L'ouvrage original canadien-anglais a été publié
sous le titre *The Save Your Heart Wine Book*
par Stoddart Publishing Co. Limited

Dépôt légal : 3e trimestre 1996
Bibliothèque nationale du Québec

ISBN 2-7619-1331-0

Frank Jones

Bon vin, bon cœur, bonne santé!

Une journée sans vin est une journée sans soleil

Traduit de l'anglais
par Jacques Vaillancourt

Avant-propos

SUR UNE NOTE PERSONNELLE...

C'est la curiosité ainsi que quelques inquiétudes personnelles qui m'ont poussé à écrire le présent ouvrage. Au cours d'un déjeuner, un ami m'a parlé d'une nouvelle recherche selon laquelle le vin pourrait prévenir les maladies du cœur, en plus de nous aider à vivre plus longtemps. J'ai tout de suite été intrigué. Ce que j'ai appris au cours des longs voyages que j'ai faits pour rencontrer certains experts dans ce nouveau domaine de la science a renforcé mon intérêt. Je pense aujourd'hui que des millions d'êtres humains pourraient bénéficier de ces nouvelles connaissances sur la plus ancienne des boissons.

Bien entendu, je ne prétends pas que mes recherches aient été désintéressées. À 50 ans passés, j'ai atteint l'âge auquel le risque d'une crise cardiaque est le plus élevé. S'il existait un moyen de réduire ce risque d'une façon significative, je voulais le connaître.

Si vous avez mon âge, vous êtes sûrement conscient du risque de maladie coronarienne qui vous guette. C'est la principale cause de décès au XXᵉ siècle. Nous avons tous des amis ou des parents qui en ont été frappés. Il m'arrive même de penser que toute ma vie a été marquée par cette maladie silencieuse, et si souvent fatale.

Ma première rencontre avec cette maladie a eu lieu un beau soir d'été, sur un terrain de cricket anglais; j'avais 12 ans et je jouais pour l'équipe de mon village du Kent. Nous nous exercions à frapper quand, soudainement, le joueur qui s'apprêtait à lancer la balle — un quinquagénaire grand et mince aux cheveux couleur d'acier — a trébuché et est tombé. Il ne s'est pas relevé. Si cet incident se produisait aujourd'hui, quelqu'un serait sans doute à même de recourir à la technique de réanimation et pourrait le sauver. Ce soir-là, un joueur a appelé une ambulance et nous sommes tous restés en cercle autour de la victime, ne sachant que faire. L'homme s'est mis à ronfler bruyamment. Des moutons indifférents ont continué de paître dans les marais voisins, pendant qu'une grive perchée dans les saules entonnait son chant du soir. L'homme est mort avant l'arrivée de l'ambulance. Chacun de nous est rentré chez lui. Jamais je n'oublierai ce ronflement.

Deux ans plus tard, mon père a dû être hospitalisé pour subir une intervention pour un ulcère. Par un bel après-midi, je suis arrivé à la maison avec deux camarades de classe. Je n'avais pas fait attention à la petite voiture de John Carter, directeur de l'entreprise de construction de mon père, garée devant chez moi. Celui-ci m'a accueilli à la porte, en me disant qu'il voulait me parler seul à seul. Cette tâche devait lui peser. En remontant l'allée pavée contournant le lit de roses, il m'a appris que mon père avait survécu à l'opération, mais que, peu de temps après, il avait été emporté par une crise cardiaque. Mon père avait 52 ans.

J'ai beaucoup appris de la mort de mon père. Il fumait comme une cheminée; je n'ai jamais fumé. J'ai toujours suivi les plus récents conseils médicaux en matière de santé du cœur. Au début des années 70, quand j'étais correspondant à Londres pour un journal canadien, je m'entraînais à courir tous les matins dans Hurlingham Park, près de ma maison de Fulham. De retour au Canada, j'ai pris l'habitude de nager ou de faire de la bicyclette tous les jours, deux exercices qui présentent peu de risques pour les articulations et les muscles. Et, comble de chance, j'ai épousé Ayesha: elle m'a fait perdre le goût de la viande et des pommes de terre nageant dans la sauce, et m'a donné celui des fruits et des légumes frais, des lentilles et du curry contenant du poisson ou très peu de viande, mets qu'elle avait consommés durant toute son enfance dans les Caraïbes.

Quelques années plus tard, les maladies du cœur ont commencé à emporter certains de mes amis. Certaines pertes m'ont cruellement déchiré, comme la mort de John DeKraker, un Hollandais plein d'humour et de bon sens, qui siégeait, comme moi, au conseil d'administration de la caisse de crédit de notre entreprise, à Toronto. Assis dans la voiture que conduisait sa femme, il a été foudroyé par une crise cardiaque au moment où celle-ci roulait hors de leur propriété. Âgé de 48 ans, père de 4 enfants, il avait encore une longue vie active à vivre. Mais voilà.

D'autres amis ont été plus «chanceux» que lui. Leur maladie coronarienne ayant été décelée à temps, ils ont subi une intervention préventive. Ils m'ont décrit les horreurs des unités de soins intensifs. Mais rien ne m'avait préparé à la mort de mon ami Gary Lautens. Il était l'humoriste le plus connu du Canada anglais. Des millions de lecteurs dévoraient chaque jour sa chronique dans le *Toronto Star,* pour avoir des nouvelles de sa femme Jackie, la «déesse de l'amour», et pour connaître les vicissitudes de leur vie familiale. Puis, un week-end, une crise cardiaque l'a fauché.

Ce qu'il y a de vraiment choquant dans la mort de Gary, à part le fait qu'un grand talent ait été perdu, c'est que, même s'il avait 63 ans, rien ne la laissait présager, au contraire. Tous les jours, il allait au travail et en revenait à pied (à peu près 8 kilomètres en tout); il n'a jamais fumé; il mangeait modérément; il entretenait une relation heureuse avec sa femme et ses enfants; il donnait l'impression de se sentir parfaitement bien dans sa peau. À sa mort, tout le monde a dit: «Il ne buvait jamais une goutte d'alcool!»

Voilà qui est rare dans le monde du journalisme écrit. Gary se faisait taquiner par son ami Bob Pennington, ancien chroniqueur de soccer en Grande-Bretagne et critique de théâtre au *Toronto Sun*. Chaque fois qu'ils dînaient ensemble, Bob plaçait un verre rempli de vin bien en évidence devant l'assiette de Gary. À la fin du repas, le verre était encore plein. Jackie m'a dit plus tard que son mari avait été dégoûté de l'alcool pour de bon quand il avait dû nettoyer les dégâts laissés par deux journalistes sportifs alcooliques avec qui il avait travaillé au début de sa carrière.

Bien entendu, nul ne peut prétendre que si Gary avait accepté le vin offert par Bob, s'il avait été un buveur de vin modéré, il aurait connu une autre fin. Mais nous avions tous cru que Gary, en choisissant l'abstinence, avait pris une décision sage qui le protégeait contre l'attaque fatale. Nous nous étions trompés.

Durant la rédaction du présent ouvrage, j'ai beaucoup appris sur la consommation d'alcool, sur les idées fausses qui circulent à ce propos et sur les attitudes courantes dans la société. Il y a à peine un an, je n'aurais rien pu écrire sur ce sujet. C'est grâce aux personnes dont j'énumère les noms ci-dessous, qui ont fait preuve de patience avec le néophyte que j'étais, que j'ai pu écrire ce livre. Ce sont des experts dans leur domaine: œnologie, épidémiologie, prévention de l'alcoolisme, cardiologie et autres disciplines médicales.

Toute ma gratitude, donc, à ces personnes: Alex Karumanchiri, David Goldberg, George Soleas, Wells Shoemaker, Tony Aspler, Serge Renaud, Tom Whitehead, Andy Waterhouse, Ed Frankel, Bruce German, Linda Bisson, Terry Leighton, Leroy Creasy, Arthur Klatsky, Selwyn St. Leger, Curtis Ellison, sir Richard Doll, Anatoly Langer, Moira et Martin Plant, et Michael Marmot.

Introduction

LA VIE APRÈS LE PARADOXE FRANÇAIS

Un dimanche soir de novembre 1991, en une vingtaine de minutes seulement, les industries canadienne et américaine du vin ont été frappées par une véritable tornade, dont les répercussions se font encore sentir aujourd'hui dans tous les pays où l'on produit ou consomme du vin.

Ce qui s'est passé ce soir-là est sans doute la preuve la plus éclatante du pouvoir énorme qu'exerce la télévision sur les habitudes des consommateurs et la santé publique. Ce soir-là, des millions de Nord-Américains ont regardé l'émission américaine la plus populaire, le magazine d'information *60 Minutes* du réseau CBS. Ils ont entendu parler pour la première fois d'une anomalie appelée «paradoxe français». Ils se sont par la suite précipités vers leur magasin de vins et de spiritueux. Durant la semaine qui a suivi la diffusion de cette émission, les ventes de vin rouge ont augmenté de 40 p. 100, ce qui a mis fin à jamais à la longue préférence des Nord-Américains pour les vins blancs doux.

Quel est donc ce paradoxe? Les Français, surtout ceux du sud-ouest de la France, font fi de toutes les règles de santé en fumant leurs Gauloises, en négligeant l'exercice physique et en consommant des quantités monstrueuses de graisses saturées. Pourtant, l'incidence des crises cardiaques chez eux est l'une des plus faibles au monde. À l'opposé, l'Écosse a l'un des taux les plus élevés du monde. Les probabilités qu'une femme de Glasgow, par exemple, meure d'une crise cardiaque sont 12 fois plus élevées que pour une Française de Toulouse. Et ce risque est presque trois fois plus grand pour les hommes canadiens et américains que pour les hommes habitant Toulouse.

Parmi les raisons expliquant le paradoxe, on a cité l'amour des Français pour le vin rouge ainsi que l'abondance des fruits et des légumes frais dans leur régime alimentaire. Le Dr Serge Renaud, celui qui a mis au jour le paradoxe français, est d'avis que le vin rouge constitue le «médicament» le plus efficace qui soit pour la prévention de la maladie coronarienne.

Le vin — intelligemment choisi, et consommé de façon régulière et modérée — vous aidera à vivre plus longtemps. C'est aussi simple que cela. Les Anciens le savaient déjà. En effet, saint Paul prodiguait le conseil suivant à Timothée: «Ne continue pas de ne boire que de l'eau; mais fais usage d'un peu de vin à cause de ton estomac et de tes fréquentes indispositions.» Il semble que chaque mois de nouvelles preuves scientifiques viennent étayer cette théorie.

Certaines de ces preuves battent en brèche ce que la plupart d'entre nous ont toujours cru. Cependant, si l'on se fie aux études menées au cours des 10 dernières années, il ne fait plus aucun doute que les abstinents courent un plus grand risque de mourir jeunes que les buveurs modérés. Au Canada et aux États-Unis, la maladie coronarienne emporte plus d'hommes et de femmes que toute autre maladie. Or, la consommation modérée d'alcool (cela signifie généralement deux verres ou moins par jour) réduira de 40 p. 100 les risques d'une crise cardiaque.

Ce principe s'applique, peu importe que vous buviez de la bière, du vin ou des spiritueux. Ce qui compte, c'est l'alcool contenu dans ces boissons; il fait monter le «bon cholestérol» de votre sang, en réduit le «mauvais» et diminue le risque qu'un caillot se forme, ce qui empêcherait votre cœur de battre. Depuis 1978, alors qu'une étude marquante a révélé que l'incidence des crises cardiaques est la plus faible dans les pays où le vin est la boisson principale, les preuves continuent de s'accumuler en faveur du vin.

En mai 1995, des chercheurs danois ont fait une découverte prodigieuse: la consommation régulière de vin offre de loin la meilleure protection non seulement contre les crises cardiaques fatales, mais aussi contre d'autres maladies mortelles. Ces chercheurs ont examiné en détail les habitudes de 13 000 citoyens de Copenhague sur une période de 12 ans. Dans la population étudiée, les probabilités pour les buveurs de vin d'être emportés par une crise cardiaque ou un accident cérébrovasculaire étaient réduites de 60 p. 100, tandis que les probabilités qu'ils succombent à d'autres maladies l'étaient de 50 p. 100.

Cette découverte a eu des répercussions considérables sur la prévention de l'athérosclérose — oblitération graduelle des artères, cause de nombreux décès prématurés. Le vin, surtout le vin rouge, défend l'organisme sur deux fronts. L'alcool qu'il contient réduit le mauvais cholestérol et les agents coagulants, tandis que d'autres substances puissantes qu'il renferme, appelées antioxydants, luttent contre la maladie et même contre le vieillissement. L'autre secret du paradoxe français concerne la façon dont le vin est consommé. Contrairement à la bière et aux spiritueux, le vin se boit généralement lentement et avec un repas. Il semble que le reste du monde ait beaucoup à apprendre du légendaire déjeuner français, consommé sans hâte et toujours arrosé de vin.

Voilà de bien bonnes nouvelles. On s'attendrait à ce qu'elles soient criées sur tous les toits. Si les médecins découvraient un médicament qui réduise de 40 p. 100 l'incidence des cancers, tout le monde se réjouirait. Pourtant, les maladies cardiovasculaires — en majorité des accidents cardiovasculaires causés par le durcissement des artères — font beaucoup plus de ravages que les cancers.

Heureusement, dans la plupart des pays développés, le nombre de victimes prématurées de cette peste du XXe siècle est en déclin. Cela est dû au fait que nous mangeons mieux, que nous faisons plus d'exercice et que nous fumons moins. Cependant, en Amérique du Nord, les maladies cardiovasculaires causent encore 40 p. 100 de tous les décès. Et, dans le cas des femmes américaines, une tendance troublante est apparue au cours des dernières années. Leur taux de mortalité recommence à monter, après plusieurs années de recul. Que pourrait-on espérer de mieux qu'une réduction — fût-ce de 10 p. 100 — du nombre de crises cardiaques et d'accidents cérébrovasculaires, qui résulterait d'une campagne d'incitation à consommer un ou deux verres de vin par jour? Il ne s'agit pas là de froides statistiques, mais d'êtres humains, de pères qui pourraient ainsi voir leurs enfants grandir, de mères qui connaîtraient leurs petits-enfants.

Pourtant, le silence des médecins à ce sujet a été assourdissant. Dans le corps médical, presque personne ne fait écho au conseil de saint Paul sur la valeur médicinale de l'alcool. Voilà ce que je me suis fait dire, tout au long de mes recherches, pas une fois, mais cent fois: «Il est hors de question que nous conseillions aux gens de consommer de l'alcool pour améliorer leur santé, même en prêchant la modération. Ce serait trop dangereux.»

Autrement dit, les médecins ne vous font pas confiance.

On peut comprendre la position de la profession médicale. Beaucoup de ce que nos mères nous ont dit est parfaitement vrai. L'abus d'alcool est néfaste. C'est une cause majeure d'absentéisme et d'accidents du travail, de violence familiale, de blessures ou de morts sur la route; et, dans le cas du buveur invétéré, l'abus mène tout droit aux accidents cérébrovasculaires, à la cirrhose et à certains cancers. Quel est le médecin qui, après avoir conseillé la consommation d'alcool pour la santé cardiaque, voudrait lire dans le journal qu'un de ses patients a exagéré, s'est enivré, a pris le volant et a tué quelqu'un? Il ne faut pas négliger la notion de responsabilité médicale si les choses tournent mal, surtout aux États-Unis où les patients et leurs familles sont enclins à poursuivre les médecins devant les tribunaux.

Par conséquent, si le corps médical est disposé à approuver qu'un cardiologue ou un médecin de famille, dans l'intimité de son cabinet, conseille à un patient qui a été victime d'une crise cardiaque, qui présente des symptômes de maladie coronarienne ou qui a une lourde hérédité cardiaque de boire modérément, il n'est pas prêt à aller plus loin. Pourtant, cette approche comporte un grand défaut. L'athérosclérose n'est pas un événement soudain, comme la fracture d'un os. C'est un long processus. L'accumulation de graisses — signe précurseur de l'athérosclérose — s'observe déjà dans les artères des enfants. Chez l'homme, de l'âge de 30 ans jusqu'à celui de 55 ans se forme la «plaque» qui risque de le tuer. Traditionnellement, la femme n'a pas été considérée comme étant en danger avant la ménopause. Mais son style de vie a changé: aujourd'hui, beaucoup de femmes fument et travaillent à l'extérieur du foyer. On s'inquiète de plus en plus des cardiopathies qui commencent à toucher des femmes plus jeunes.

Au moment où le patient se présente au cabinet du médecin ou à l'hôpital à cause de symptômes ou de facteurs de risque importants, il est déjà très tard. Et que dire des personnes qui sont foudroyées par une crise cardiaque avant même de s'être rendu compte qu'elles souffraient d'une maladie coronarienne? Nous savons aujourd'hui que la vie n'est pas une série d'événements déterminés d'avance comme dans un roman. Dans une large mesure, nous pouvons choisir la longueur de notre vie et sa qualité. Finies les habitudes d'antan. Les gens sages n'attendent pas que la maladie se manifeste pour ensuite espérer qu'un médecin les sauvera grâce à un nouveau médicament miracle ou à un type de chirurgie avancée. À ce moment-là, même si le médecin nous sauve, il se pourrait que notre qualité de vie soit compromise.

Les études menées un peu partout dans le monde le confirment: la bonne santé et la longévité ne sont pas déterminées par la qualité des soins médicaux offerts, mais plutôt par l'importance du revenu personnel et par le niveau d'éducation. Nous parlons de personnes qui ont les connaissances leur permettant de prendre les bonnes décisions — cesser de fumer, se mettre au régime, faire de l'exercice — et qui disposent du revenu et des loisirs nécessaires pour mettre leurs décisions en œuvre. Le simple fait que vous lisiez le présent ouvrage laisse supposer, premièrement, que vous avez assez d'argent pour l'acheter ou assez de bon sens pour l'emprunter et, deuxièmement, que vous vous intéressez à votre santé d'une manière éclairée. Je peux donc présumer que, si on vous dit que la consommation modérée de vin protège votre cœur, vous n'êtes pas du genre à vous mettre à boire à l'excès, sous prétexte que si un peu fait du bien, beaucoup fera encore plus de bien.

Bien entendu, beaucoup de lecteurs n'ont pas besoin qu'on leur dise que le vin leur est bénéfique pour qu'ils continuent d'en boire. Ils seraient d'accord avec Louis Pasteur, le premier savant à avoir étudié le vin avec sérieux, quand il disait: «Un repas sans vin, c'est comme un jour sans soleil.» D'autres lecteurs, abstinents ou buveurs modérés, auront entendu parler des bienfaits d'une consommation modérée de vin, surtout de vin rouge, et voudront en apprendre davantage à ce sujet. (Actuellement, il n'existe pas de liste de données par marque qui permettrait de choisir les vins offrant la meilleure protection. J'énoncerai plutôt des principes généraux sur les cépages et sur les régions, en plus de vous proposer des vins qui répondent à certains critères.)

Si le présent ouvrage n'était qu'un guide des vins — ou des bières et spiritueux —, nous pourrions passer directement à une discussion sur les cuvées, sur les vertus des bières belges par rapport aux bières allemandes ou sur les mérites du pur malt. Mais ce livre concerne plutôt la santé. C'est pourquoi nous en consacrons une grande partie aux risques et aussi aux bienfaits de la consommation d'alcool, qui ont été prouvés. Et si, dans ce livre, la balance penche en faveur des bienfaits, ce n'est pas simplement parce que je crois que la plupart des gens, malgré ce qu'en disent les experts, sont des buveurs responsables, mais aussi parce que les maladies du cœur sont une tragédie à éviter. Dans les pays développés, les cardiopathies sont un sujet d'inquiétude permanent, conséquence inévitable d'une mauvaise alimentation, du tabagisme et d'un mode de vie sédentaire.

Je dois avouer que même moi, quand j'ai appris l'existence du paradoxe français, je n'ai pas agi immédiatement. J'étais intrigué, mais j'ai sans doute pensé que ce paradoxe n'était qu'une anomalie à laquelle on finirait par trouver une explication simple. Peut-être y avait-il quelque chose dans l'eau, par exemple. À l'été de 1994, un jour que j'allais déjeuner à Toronto avec mon ami Alex Karumanchiri, je lui ai demandé tout bonnement quand il allait prendre sa retraite. Alex, âgé de 57 ans à l'époque, est chef du contrôle de la qualité à la Régie des alcools de l'Ontario, la province la plus populeuse du Canada. Cette régie, monopole gouvernemental qui contrôle la vente des vins et spiritueux, est le plus grand acheteur de vins au monde. Ses laboratoires, dirigés par Alex, jouissent d'une réputation mondiale. «J'aimerais bien prendre ma retraite, m'a-t-il répondu, mais en ce moment, je travaille sur un projet si emballant que je veux en voir la conclusion.» Alex analysait les substances phénoliques contenues dans des centaines de vins de toutes provenances, afin d'en déterminer le potentiel antioxydant. Antioxydant? Substances phénoliques? J'avais l'impression qu'il parlait une autre langue que la mienne. Je ne comprenais pas grand-chose à tout ce qu'il me disait, mais, s'il s'agissait d'un moyen de réduire de 40 p. 100 le risque de maladie coronarienne, je voulais en savoir plus long.

C'est comme cela que j'ai commencé à écrire ce livre. J'ai fait une longue route avant de revenir aux laboratoires d'Alex — Londres, Oxford, Édimbourg, Dundee, Californie, Boston. J'ai dû acquérir des connaissances sur l'athérosclérose, sur l'alcool et sur le vin. J'ai rencontré des sommités mondiales, comme Serge Renaud, et certains des chercheurs œnologues les plus avancés de l'université de la Californie à Davis. Partout, durant mon apprentissage, on m'a prodigué aide et conseils. Partout, j'ai entendu répéter cette phrase: la consommation modérée de vin vous aidera à vous protéger contre la maladie coronarienne et contre d'autres maladies.

Le Pr David Goldberg, médecin et biochimiste de l'université de Toronto, la formule ainsi: «Si chaque adulte nord-américain buvait deux verres de vin par jour, l'incidence des maladies cardiovasculaires, qui causent presque la moitié des décès dans cette population, serait réduite de 40 p. 100 et des économies annuelles de 40 milliards pourraient être réalisées.» Mais la consommation de vin n'est pas la première mesure à prendre, pas même la seconde, pour augmenter vos chances de survie. La première chose à faire pour vivre plus longtemps, c'est de cesser de fumer. Pour réduire les risques de cardiopathies, vous devez diminuer votre consommation d'œufs, de produits laitiers, de viande rouge et d'autres aliments gras, et manger davantage de fruits et de légumes frais. L'exercice physique régulier doit faire partie de votre vie. Quand vous aurez fait tout cela — et si le bilan des risques et des bienfaits dont vous prendrez connaissance dans le présent ouvrage vous est favorable —, vous devriez, et je le dis sans équivoque, songer à boire du vin régulièrement, mais modérément, pour protéger votre cœur et pour vivre plus longtemps.

CHAPITRE PREMIER

LA VÉRITÉ SUR L'ALCOOL

L'ALCOOL ET LA SANTÉ: L'INÉLUCTABLE VÉRITÉ

Si quelqu'un d'autre avait fait la même déclaration, elle aurait été loin d'être aussi percutante. Mais l'homme aux cheveux blancs, légèrement voûté, qui se tenait sur le podium de l'hôtel Intercontinental de Sydney, en Australie, avait été présenté comme «l'épidémiologiste le plus important du monde». Sir Richard Doll (aujourd'hui professeur émérite de médecine à l'université d'Oxford) a été le premier savant à établir sans équivoque le lien entre l'usage du tabac et le cancer du poumon. En octobre 1991, 52 ans après cette première percée, Doll s'apprêtait à faire une autre déclaration majeure. Après une étude poussée des preuves accumulées, voici ce qu'il a déclaré aux délégués à la Conférence sur les bienfaits de la consommation modérée d'alcool: «Ma conclusion est la suivante: une consommation faible ou modérée d'alcool réduit les risques de maladie coronarienne.»

Selon lui, la consommation régulière d'alcool, jusqu'à quatre verres par jour, pourrait réduire presque de moitié les risques de maladie coronarienne. Il n'a pas hésité à aller plus loin: «À mon avis, on doit considérer ces preuves scientifiques comme une indication que les taux de morbidité et de mortalité reliés à la maladie coronarienne, ainsi que le taux de mortalité *toutes causes confondues,* sont plus faibles dans le cas des hommes et des femmes qui consomment régulièrement de petites quantités d'alcool que dans le cas des abstinents.» (L'italique est de moi.)

En d'autres mots, non seulement la consommation modérée d'alcool protège contre la maladie coronarienne, mais elle réduit aussi les risques de mourir d'autres maladies. Cette protection contre toutes les causes de mortalité apparaît évidente quand la consommation quotidienne maximale est de deux verres de vin, de bière ou de spiritueux. Pour que Richard Doll, un homme prudent de nature, fasse une déclaration aussi catégorique, c'est qu'il y a peu de place pour le doute à ce sujet. Il s'agit de faits. Même si l'abus d'alcool est un facteur de risque pour beaucoup de maladies, l'abstinence est presque aussi dangereuse. Ce sont les buveurs modérés qui peuvent espérer vivre le plus longtemps.

Un autre savant présent à la conférence, le Dr Charles Hennekens, professeur de médecine préventive à l'université Harvard, a dit estimer que, en Angleterre seulement, la consommation modérée d'alcool pourrait réduire de 20 p. 100 le nombre de décès attribuables à la maladie coronarienne, c'est-à-dire qu'elle pourrait sauver de 20 000 à 40 000 vies chaque année.

Il aura fallu 65 ans pour que la vérité au sujet de l'alcool soit finalement acceptée. En effet, en 1926, un biologiste américain du nom de Raymond Pearl avait rapporté que les personnes qui consommaient des quantités modérées d'alcool vivaient plus longtemps que celles qui s'en abstenaient. Il a été le premier à parler de la courbe en U qui, aujourd'hui, est acceptée comme une quasi-règle de la nature chaque fois que l'on discute des effets sur la santé de la consommation d'alcool.

Voici comment se présente la courbe: les abstinents servent de ligne zéro; pour eux, le risque de mourir d'une maladie coronarienne est de 1,00. Mais pour ceux qui consomment deux ou trois verres par semaine, le risque est un peu plus faible, disons de 0,90. En d'autres mots, le risque, dans leur cas, de mourir d'une maladie coronarienne ne représente que 90 p. 100 de celui que courent les abstinents. À mesure que la consommation augmente, jusqu'à deux ou trois verres par jour, le risque comparatif de décès tombe, jusqu'à peut-être 0,70 ou 0,60. Mais après cela, si la consommation augmente, la courbe de mortalité commence à monter; elle dépasse la ligne zéro et devient de plus en plus abrupte. Que peut-on conclure à partir de cette courbe? C'est simple: l'abstinence présente des risques; la consommation modérée est bénéfique; l'abus d'alcool est très néfaste. Une consommation modérée d'alcool offre une bonne protection contre la maladie coronarienne, et même les buveurs moins portés à la modération s'en trouvent protégés. Mais, à mesure que la consommation de ces derniers augmente, ils courent plus de risques de mourir de certains cancers, d'un accident cérébrovasculaire hémorragique (le type le moins fréquent), d'une cirrhose, d'un suicide ou d'un accident de la route. Bien qu'on parle de courbe en U, en fait elle emprunte plutôt la forme d'un J, parce que le risque que courent les grands buveurs monte d'une façon extrême.

Raymond Pearl avait pressenti ce phénomène sans en avoir la preuve détaillée. Tout ce qu'il savait, c'est que ceux qui boivent un peu risquent moins de mourir prématurément que ceux qui ne boivent jamais. Douze ans plus tard, Pearl a fait une autre découverte: le taux de mortalité des fumeurs monte en ligne droite. Contrairement à ce qui arrive avec l'alcool, il n'y a aucun bienfait pour la personne qui fume un peu. Mais personne ne voulait l'écouter — que ce soit au sujet de l'alcool ou au sujet

Taux de mortalité global par rapport à la consommation d'alcool

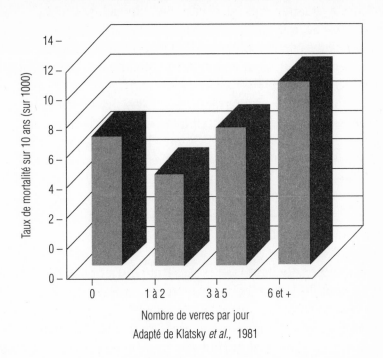

Nombre de verres par jour

Adapté de Klatsky *et al.,* 1981

du tabac — et, pendant des décennies, les travaux de Pearl ont été oubliés. Pour ce qui est de l'alcool, ils n'ont pas simplement été oubliés, mais délibérément ignorés. L'hypothèse selon laquelle la consommation modérée d'alcool est bénéfique était dérangeante pour les ligues de tempérance nord-américaines, largement inspirées par la religion.

Au cours des dernières décennies, l'étendard de la tempérance a été repris par des bureaucrates nationaux et internationaux qui, avec raison, ont mené une lutte acharnée contre les maux sociaux et médicaux engendrés par l'abus d'alcool. Malheureusement, dans leur zèle bien intentionné, nombreux sont ceux qui sont déterminés à étouffer toute découverte positive sur l'alcool, même si elle peut sauver des vies. Leur message est simple: «Ne semez pas la confusion dans l'esprit de la population.»

Le Dr Curtis Ellison, cardiologue et épidémiologiste à la faculté de médecine de l'université de Boston, affirme que, jusqu'à très récemment, il y avait une entente tacite entre savants: ils ne sollicitaient pas de fonds du gouvernement fédéral américain pour des projets qui risquaient de jeter un éclairage favorable sur la consommation d'alcool. Aujourd'hui, il arrive que des projets passent à travers les mailles du filet si on y traite de l'alcool — généralement le vin — comme d'un élément de l'alimentation, au lieu de mettre l'accent sur sa nature de boisson alcoolisée. La situation va sans doute s'améliorer. Au début de 1995, le Congrès américain a donné au ministère de la Santé le mandat de financer des recherches sur les bienfaits de l'alcool pour la santé, plus particulièrement du vin. Reste à voir si l'avare majorité républicaine ne bloquera pas cette initiative.

Au Canada aussi, il est plus facile de trouver des subventions pour les projets reliés aux ravages de l'alcool que pour la recherche sur les bienfaits de l'alcool ou du vin pour la santé. En fait, pendant des générations, les médecins ont eu tendance à faire rimer alcool avec maladie et mort. Les «études sur l'alcool» examinaient invariablement les maux qu'il cause — accidents de la route, cirrhose et ainsi de suite. C'est pourquoi bon nombre de médecins engagés dans les premières études sur les effets bénéfiques de l'alcool faisaient preuve de prudence en annonçant leurs conclusions.

Si, en Europe, Richard Doll est le savant qui a donné de la respectabilité à ce sujet de recherche, en Amérique du Nord, c'est le Dr Arthur Klatsky, l'un des cardiologues les plus respectés du continent, qui a joué ce rôle. Klatsky, qui ressemble à l'un des lutins barbus du père Noël, travaille au centre médical Kaiser Permanente d'Oakland, en Californie, où deux millions et demi de personnes sont inscrites aux registres des patients. Il m'a raconté que lui et son collègue, le Dr Gary Friedman, avaient commencé vers 1970 à examiner les dossiers informatisés dans le but de repérer les traits précurseurs des maladies du cœur. Au cours de l'un de leurs projets, ils ont comparé 500 patients qui avaient subi une crise cardiaque avec 500 autres du même âge pour qui ce n'était pas le cas.

«C'était un peu comme aller à la pêche, m'a-t-il dit en souriant. Nous n'avions formulé aucune hypothèse au sujet de l'alcool.»

Quand il est apparu que l'alcool avait un effet protecteur, Klatsky s'est montré sceptique: «J'ai attaqué cette hypothèse sous tous les angles possibles.» Avant de publier un article sur leur travail en 1974, il l'a fait lire à sa femme, Eileen: «Elle est ma critique la plus honnête. Elle m'a dit: "On dirait que tu n'y crois pas ou que tu refuses d'y croire." Je dois avouer que j'étais inquiet de l'accueil que recevrait notre article.» Klatsky et Friedman, persistants, ont élargi leur étude à 85 000 sujets, puis à 124 000 et, enfin, à 129 000. Leur conclusion ne variait jamais: la consommation faible ou modérée d'alcool protège contre la maladie coronarienne. Bientôt, des savants de tous les coins du monde en arrivaient aux mêmes conclusions:

- En 1976, à Hawaii, au cours d'une étude portant sur 7705 Japonais habitant à Honolulu, des chercheurs concluent que l'alcool réduit considérablement les risques de maladie coronarienne et de crise cardiaque. Quatre ans plus tard, la même équipe rapporte que la consommation modérée d'alcool réduit aussi le risque de mort par cancer et par accident cérébrovasculaire de nature ischémique (résultant de l'oblitération d'une artère).

- En Australie, en 1982, l'étude de Busseltown démontre que les buveurs modérés non fumeurs ont le taux le plus faible de crise cardiaque.

- En 1986, l'étude en cardiologie menée à Framingham, au Massachusetts, révèle la courbe en U classique chez les 2100 hommes et 2600 femmes qui sont suivis, à ce moment-là, depuis 24 ans. Les personnes buvant peu courent 70 p. 100 moins de risques de subir une crise cardiaque que les abstinents. Cette recherche est toujours en cours.

- L'Association américaine de lutte contre le cancer, dans une vaste étude portant sur 277 000 hommes, rapporte en 1990 non seulement que la consommation d'un verre par jour réduit de 25 p. 100 le risque de maladie coronarienne, mais aussi que les buveurs modérés courent un peu moins de risques de mourir du cancer que les abstinents.

Mais l'élément de preuve sans doute le plus remarquable a été fourni par l'étude que le Pr Rodney Jackson a menée en Nouvelle-Zélande sur des hommes et des femmes, et dont il a publié les résultats en 1992. La croyance générale était alors que la consommation modérée d'alcool fournissait une sorte de faible protection de fond contre la maladie coronarienne. Bon nombre de médecins, toutefois, croyaient encore que des périodes de forte consommation risquaient de provoquer une crise cardiaque dans les 24 heures suivantes, à cause d'un bouleversement du rythme cardiaque. Jackson et son équipe ont comparé des hommes et des femmes qui avaient subi une crise cardiaque, fatale ou non, avec d'autres personnes du même âge et du même sexe. Au moyen de méthodes de mesure ingénieuses, ils ont établi que c'étaient les personnes qui avaient consommé de l'alcool dans les 24 heures précédentes qui couraient le moins de risques de subir une crise cardiaque. Fait étonnant, les femmes semblaient mieux protégées que les hommes. Une femme, par exemple, qui avait consommé quatre verres ou plus dans les 24 heures précédentes n'avait que 50 p. 100 de risques de crise cardiaque, par rapport à une femme abstinente. En d'autres mots, l'alcool fournit une protection immédiate et substantielle.

Il y a eu en tout une soixantaine d'études sur ce sujet; après les avoir examinées, des chercheurs britanniques et américains ont conclu qu'il n'était plus possible de mettre en doute la réalité de la courbe en U. Le débat s'est ensuite porté non plus sur l'existence d'un effet bénéfique pour le buveur modéré, mais plutôt sur le nombre de verres entraînant l'effet bénéfique maximal. Les estimations variaient de un verre par jour jusqu'à trois à cinq verres.

Jusqu'au début des années 90, le Dr Klatsky s'était bien gardé de cautionner de façon générale l'idée selon laquelle la consommation modérée d'alcool était bénéfique. Aujourd'hui, il s'inquiète encore de voir que des personnes qui ne le devraient pas se mettent à boire.

Si la personne ne boit pas, j'essaie toujours de vérifier pourquoi. La plupart des gens ont de bonnes raisons d'éviter l'alcool: dégoût, religion ou problèmes d'alcoolisme. Ceux-là, je les incite à demeurer abstinents.

Mais j'ai connu des gens qui, après avoir eu des affections cardiaques, ont décidé de renoncer à leur consommation modérée, croyant que tout ce qui est agréable dans la vie doit être mauvais pour la santé. À ceux-là, je dis qu'ils commettent une erreur et que leur santé serait meilleure s'ils consommaient un peu d'alcool au lieu de s'en abstenir.

Si, comme c'est souvent le cas, la faiblesse du taux de «bon» cholestérol est le seul facteur de risque du patient (voir le chapitre 2) et que l'alcool consommé avec modération élève ce taux, «qu'il s'agisse d'un homme ou d'une femme d'âge moyen, je l'inciterai à prendre un verre par jour, comme ordonnance. Honnêtement, je peux dire qu'aucune des personnes à qui j'ai conseillé de boire n'est devenue un buveur excessif», déclare le Dr Klatsky.

Klatsky avait une raison très personnelle de devenir cardiologue, car les maladies du cœur sont courantes dans sa famille: «Mon père est mort dans la soixantaine d'une maladie coronarienne. Son frère en est mort encore plus jeune, et ainsi de suite. Je me suis toujours efforcé de mener une vie saine, d'éviter de fumer, de rester mince et de faire de l'exercice régulièrement.» Il ajoute qu'il prend un verre de vin chaque soir au souper.

En 1993, le Dr Klatsky a senti que le moment était venu de se prononcer publiquement sur le sujet. Avec Friedman, il a rédigé un éditorial qui a fait époque dans le prestigieux *New England Journal of Medicine*. On pouvait y lire: «Il ne semble plus faire aucun doute que l'alcool a un effet protecteur contre la maladie coronarienne. La plupart des grandes études révèlent que les personnes qui consomment un ou deux verres d'alcool par jour sont moins souvent atteintes de maladie coronarienne. [...] Les preuves proviennent d'études vastes et rigoureuses sur diverses populations et divers milieux.»

Il n'y avait eu qu'un soubresaut dans l'acceptation de plus en plus générale de cette idée naguère controversée. En 1988, à l'école de médecine du Royal Free Hospital de Londres, le Pr Gerry Shaper était chef d'une équipe qui faisait rapport sur les 7000 hommes âgés de 40 à 49 ans qui participaient à une étude régionale sur la santé du cœur. Ils ont eux aussi constaté que la courbe en U habituelle s'appliquait et trouvé que l'effet maximal de protection contre la maladie coronarienne s'obtenait par la consommation de deux à quatre verres par jour: les risques de décès dû à la maladie coronarienne étaient réduits de 50 p. 100 pour ces personnes comparativement aux abstinents.

Le Pr Shaper, toutefois, proposait une autre explication à ces résultats étonnants. Selon lui, il était possible que cette étude et d'autres aient été dénaturées par le fait que le groupe des abstinents comprenait d'anciens buveurs qui, à cause de maladies du cœur ou d'autres problèmes de santé, avaient été obligés de renoncer à l'alcool. Il n'était que naturel que ces «malades-abstinents», comme Shaper les appelait, succombent prématurément à la maladie coronarienne, ce qui déformait les résultats des études et faisait croire que les abstinents couraient plus de risques que ce n'était le cas. Voilà qui était une hypothèse intéressante! Si intéressante qu'elle a poussé le prestigieux journal médical *The Lancet* à déclarer que la courbe en U n'était qu'un «mythe».

La théorie de Shaper a incité sir Richard Doll à s'engager dans la controverse entourant l'alcool. Un jour venteux d'octobre 1994, évitant de mon mieux de me faire écraser par les cyclistes d'Oxford, je me suis rendu à l'hôpital Radcliffe, célèbre dans le monde entier, pour écouter Doll. Âgé de 82 ans à cette époque, celui-ci m'a conduit de son modeste bureau jusqu'à une salle de réunion, où il m'a versé une tasse de café. «Après avoir lu la théorie de Shaper, m'a-t-il dit, nous nous sommes rendu compte que nous possédions des données pour la réfuter.»

En 1951, 34 000 médecins britanniques avaient participé à une étude portant sur les effets du tabac sur la santé. En 1978, dans une étude que Doll avait menée avec le Pr Richard Peto, on avait demandé à environ 12 000 des médecins survivants — tous des hommes de plus de 45 ans —

de mettre à l'épreuve les effets protecteurs de l'aspirine contre la maladie coronarienne. L'étude n'avait rien à voir avec l'alcool, mais, pour être sûrs que cette substance ne serait pas un facteur de distorsion, les médecins devaient consigner leurs habitudes de consommation.

Selon Doll, si les résultats de l'étude menée pendant 13 ans sur l'aspirine étaient si importants, c'est que les médecins qui y avaient participé avaient dû répondre à des questions détaillées sur l'état de santé de leurs artères et de leur cœur. Du fait qu'ils étaient médecins, il est probable que leurs réponses étaient exactes. Enfin, il était possible de distinguer les abstinents ordinaires des «malades-abstinents». On a retravaillé les données recueillies et, comme d'habitude, la courbe en U est apparue, intacte. L'effet maximal de protection était obtenu avec une consommation d'un ou deux verres par jour. Les résultats de ce travail n'ont pas été publiés tout de suite. Entre-temps, plusieurs autres études étaient venues démentir l'hypothèse de Shaper. «Je crois que notre article a enterré l'hypothèse de Shaper une fois pour toutes, a déclaré Doll, l'œil espiègle. Lui-même reconnaît maintenant que la réduction de l'incidence de la maladie coronarienne chez les buveurs légers ne peut être attribuable à la présence parmi les abstinents de personnes qui ont cessé de boire à cause de problèmes cardiaques.»

Sir Richard Doll, qui se dit «buveur modéré» et qui prend du vin avec chaque repas du soir (et parfois une bière Ruddles), est désormais fermement convaincu des bienfaits d'une consommation modérée d'alcool. Doll dit que la maladie coronarienne et l'accident cérébrovasculaire de nature ischémique — forme la plus commune de cet accident — sont tous deux dus à l'oblitération des artères et que tous deux causent un nombre considérable de décès chez les personnes d'âge moyen et chez les personnes âgées. Selon lui, une réduction de l'ordre de 50 p. 100 de leur taux de mortalité compense de loin les risques accrus de cancer, de cirrhose ou de blessures que pourrait causer une faible consommation d'alcool.

Quelle est l'importance relative de la consommation modérée d'alcool parmi les moyens d'éviter la maladie coronarienne? Selon Doll, «cesser de fumer est encore plus important. Si vous fumez, il n'y a rien que vous puissiez faire pour réduire les risques au niveau de ceux que court un non-fumeur. [Pour ce qui est des autres moyens], la consommation modérée d'alcool et une bonne alimentation sont sur un pied d'égalité. La réduction des risques que permet la consommation d'alcool est substantielle, probablement de l'ordre de 40 p. 100. Mais une alimentation équilibrée diminue encore ces risques. Personne n'a encore vérifié l'effet de l'exercice, mais je penserais qu'il accentue cette réduction.»

Que pense-t-il des groupes de lutte contre les ravages de l'alcool qui souhaitent minimiser les bienfaits du vin et des spiritueux afin de ne pas semer la confusion dans l'esprit de la population? «Il faut traiter les gens en adultes. Ils ont le droit de connaître tous les faits. Si vous commencez à cacher des faits sous prétexte qu'ils rendent l'éducation plus difficile, où vous arrêterez-vous?»

LES EFFETS DE L'ALCOOL

Pourquoi les buveurs modérés sont-ils moins nombreux que les abstinents à souffrir de maladie coronarienne, de crises cardiaques et d'accidents cérébro-vasculaires de nature ischémique?

Imaginez cette scène courante: Carl, chauffeur de taxi, s'arrête au restaurant *Le Gros Sam* pour y prendre son dîner typiquement canadien: «un gros cheeseburger, une grosse frite et un gros cola». La paroi de ses artères, malmenée par 20 ans de cigarettes, encrassée par une vie sédentaire passée au volant et par une alimentation riche en matières grasses, encaisse une nouvelle agression. Ces quelques grammes de graisses saturées peuvent suffire pour causer de nouvelles lésions à la paroi déjà enflammée; l'alarme est immédiatement déclenchée par des produits chimiques appelés thromboxanes. Les plaquettes sanguines — ces petits disques qui se mettent à l'œuvre pour arrêter le sang quand nous nous coupons — entrent en action. Pauvres innocentes, elles croient aider Carl. Elles se rassemblent autour des lésions et s'agglutinent pour former une barrière de protection. Elles relâchent des substances qui appellent d'autres plaquettes à la rescousse. Il finit par se former un bouchon de plaquettes qui diminue l'apport d'oxygène au cœur et risque d'en troubler le rythme.

«Aïe!» gémit Carl en se tenant la poitrine. «Sale indigestion! Sam, donne-moi un peu de seltzer.»

Carl en réchappera peut-être. Les bouchons de plaquettes sont fragiles; ils ne sont pas nécessairement fatals. Mais la situation s'aggrave. Les plaquettes libèrent un agent de coagulation qui saisit au passage les cellules sanguines pour former un caillot. Ensuite apparaît ce que les médecins appellent l'effet de cascade. Les protéines solubles en circulation s'agglutinent à l'endroit où sont survenues les lésions; tout cela forme bientôt une grosse masse gélatineuse. Les mécanismes mêmes que la nature a inventés pour protéger Carl contre les coupures et les infections se sont dangereusement retournés contre lui.

«Appelle une ambulance, Sam, je ne me sens pas bien.» Si Carl a de la chance, il ne sera pas foudroyé sur-le-champ par un arrêt cardiaque. Si son cœur rudement mis à l'épreuve peut continuer de battre, même faiblement, jusqu'à ce que les ambulanciers lui prodiguent les premiers soins et le transportent à l'hôpital, ses chances de survie sont bonnes. Mais il devra attendre longtemps avant de reprendre le volant de son taxi et il lui faudra dire adieu à tout jamais au dîner typiquement canadien.

Si Carl avait été plus sage, il aurait cessé de fumer il y a longtemps. Il serait devenu membre d'un club d'exercice et il aurait commandé un sandwich au poisson et une salade pour le dîner? Et s'il avait toujours bu un verre de vin ou une bouteille de bière avec son repas du soir, tout en prenant une demi-aspirine ou toute une aspirine le matin pour se protéger davantage, que se serait-il passé? Eh bien, une fois l'alarme déclenchée, le verre pris la veille aurait sans doute contribué à désamorcer la crise.

L'alcool — comme l'aspirine — rend les plaquettes sanguines moins collantes, donc moins susceptibles de s'agglutiner et de causer une obstruction dangereuse. Les recherches indiquent que l'aspirine et la consommation modérée d'alcool ont un effet synergique de protection. En outre, les petites quantités d'alcool inhibent la production des thromboxanes, ces produits chimiques qui donnent aux plaquettes le signal d'entrer en action.

On croit que l'alcool, surtout le vin, peut également prévenir les crises cardiaques d'autres façons. Parfois, à cause du stress, les leucocytes sécrètent des produits chimiques inflammatoires appelés leucotriènes. Des médicaments anti-inflammatoires peuvent bloquer les leucotriènes — comme le peuvent les composés phénoliques du vin rouge.

Autres bonnes nouvelles en 1994. Aux Pays-Bas, des médecins ont constaté que les patients âgés à qui on donne du vin au repas du soir présentent un taux élevé de t-PA. Le t-PA (activateur tissulaire de plasminogène) est un agent anticoagulant qui, dans sa forme artificielle, sert à sauver des patients ayant subi une crise cardiaque. Une étude de la faculté de médecine de Harvard menée sur 631 médecins en bonne santé, âgés de 40 à 84 ans, a aussi révélé que les personnes qui consomment de l'alcool modérément et régulièrement ont un taux élevé de t-PA. Et si cela ne suffit pas, d'autres études ont montré que l'alcool augmente la fibrinolyse, processus de dissolution des caillots sanguins.

On croit qu'il existe deux autres effets bénéfiques qui réduisent les risques de crise cardiaque et d'accident cérébro-vasculaire de nature ischémique. Premièrement, la consommation modérée d'alcool réduit le stress, cause de catastrophe coronarienne. Deuxièmement, elle détend les muscles dans les artères; ainsi, ils ne se contractent pas pour restreindre la circulation sanguine. À presque toutes les étapes de la terrible cascade menant à la salle des urgences et au défibrillateur, l'alcool consommé en quantités modérées fournit une protection. Pourquoi alors — comme je l'ai demandé au Dr Michael Gaziano, cardiologue et chercheur de Boston — l'incidence de la maladie coronarienne est-elle très élevée en Écosse et en Finlande, deux pays où la consommation d'alcool est presque devenue un passe-temps national?

Selon lui, le tabac, le manque d'exercice et la mauvaise alimentation sont des éléments de réponse. Mais il y a plus que cela. Il ajoute que, en Italie, patrie d'origine de ses parents, où le taux de maladie coronarienne est l'un des plus faibles au monde, 90 p. 100 de la population prend un verre par jour. Mais l'Europe du Nord et l'Amérique du Nord sont des sociétés qui privilégient l'abstention et où l'alcool est bu en raison de ses effets sur l'esprit. On y boit pour se «sentir bien» le samedi soir.

Pour ce qui est de la consommation totale d'alcool, les Italiens dépassent de loin les Canadiens, les Américains, les Britanniques et les Australiens. Mais ils boivent régulièrement, et généralement en mangeant. C'est la consommation excessive et irrégulière — tout l'alcool est consommé le week-end au lieu d'être réparti en petites quantités tous les jours — qui fait du tort, selon le Dr Gaziano. Tandis que les quantités modérées d'alcool rendent les plaquettes moins collantes, les quantités excessives — celles qui sont consommées le samedi soir — ont un effet de rebond environ 18 heures plus tard et rendent en fait les plaquettes plus collantes. Ainsi, celui qui a trop bu le samedi soir pourrait être en difficulté au moment où il s'apprête à faire un somme après le dîner dominical.

Effets à court terme de la consommation d'alcool (chez les buveurs réguliers)				
Nombre de verres consommés dans les 24 heures	Risque relatif approché* d'un infarctus du myocarde		Risque relatif approché* de mort cardiaque	
	Hommes	Femmes	Hommes	Femmes
Aucun	1,0	1,0	1,0	1,0
1-2	0,73	0,59	0,61	0,60
3-4	0,67	0,81	0,57	0,52
Plus de 4	0,76	0,50	0,60	0,73
Tous les buveurs	0,75	0,61	0,75	0,46

* Ajusté en fonction de l'âge, du tabagisme et de la consommation habituelle d'alcool
Tableau modifié de Jackson *et al.,* 1992

L'exercice, une saine alimentation et la non-consommation de tabac sont essentiels à la santé du cœur. Mais, comme nous l'avons vu, l'alcool, consommé avec modération, est une drogue miracle qui agit à bien des égards pour nous protéger à l'âge moyen.

CHAPITRE 2

VIVRE À EN MOURIR

VOTRE CŒUR ET VOUS

C'est la tranquillité des lieux qui étonne le plus, le silence absolu. Pas étonnant qu'on appelle ce mal le tueur silencieux. Dans leur chambre, les patients reposent calmement, seuls avec leurs craintes. Leurs épaules sont voûtées — comme s'ils craignaient qu'un mouvement brusque ne les brise en deux. C'est cela, la réalité de la maladie coronarienne. Elle nous guette pendant des dizaines d'années, à notre insu; puis nous finissons par échouer dans l'une de ces chambres d'hôpital silencieuses. Ou pis encore.

Le seul mouvement que j'aie détecté dans l'unité de soins coronariens de l'hôpital St. Michael, à Toronto, se manifestait au poste de garde. Sur trois moniteurs, des doigts électroniques invisibles enregistraient les battements de cœur des 12 patients aux soins intensifs. Personne ne semblait faire attention aux écrans. «Rassurez-vous», m'a lancé le Dr Anatoly Langer, cardiologue responsable de l'unité, «le moindre changement dans leur condition déclenche un signal d'alarme. Dans notre service, nous sommes plutôt habitués à l'entendre.»

La moitié des patients de l'unité récupéraient d'une crise cardiaque, tandis que les autres avaient été hospitalisés à cause de douleurs à la poitrine ou d'autres symptômes suspects. En général, les hommes qui avaient subi une crise cardiaque avaient été frappés par une douleur constrictive, «comme si un éléphant s'était assis sur ma poitrine», m'a expliqué l'un d'eux. Les crises s'étaient produites en majorité durant les premières heures de la journée, au moment où le cœur, pour lancer l'activité du corps, déploie le plus d'efforts. Dans le cas des femmes, les symptômes ont peut-être été différents et sont peut-être plus facilement passés inaperçus: nausée, fatigue. Cette unité de soins coronariens aurait pu se trouver à Melbourne, à Aberdeen ou à Houston. Elle est la même partout. Et les lits vides y sont rares.

L'athérosclérose — l'occlusion graduelle des artères susceptible de mener à une crise cardiaque ou à un accident cérébrovasculaire — a toujours sévi chez l'être humain. Toutefois, ce n'est qu'en notre siècle qu'elle a atteint des proportions épidémiques. Au fond, nous vivons à en mourir. «La maladie a atteint des sommets dans les années 50 et 60», m'a dit le Pr David Goldberg, biochimiste à l'université de Toronto. «C'est le prix à payer pour notre style de vie moderne. Nous sommes de plus en plus sédentaires et nous consommons plus d'aliments artificiels que d'aliments naturels, entre autres beaucoup trop de graisses.»

Maladie coronarienne - Classement par pays en 1992
Mortalité chez les hommes et les femmes de 40 à 69 ans

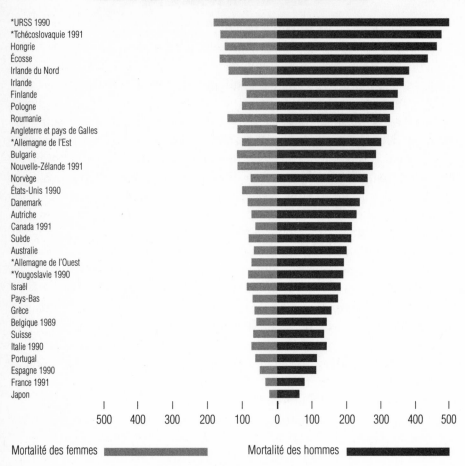

CVEU Dundee 1994 (données de l'OMS)
* anciens États

Heureusement, le message passe enfin. Aujourd'hui, les gens font davantage d'exercice, mangent mieux et fument moins; c'est pourquoi l'incidence de la maladie coronarienne et des accidents cérébrovasculaires est en baisse dans la plupart des pays. Peut-on déjà se réjouir quand on sait que les maladies cardiovasculaires — crises cardiaques et accidents cérébrovasculaires — tuent bon an mal an 77 000 personnes au Canada et près d'un million aux États-Unis?

Certains groupes sont plus exposés que d'autres. Au Canada, les maladies cardiovasculaires causent 41 p. 100 de tous les décès; mais, chez les

Canadiens dont les racines plongent dans le sous-continent indien, ce chiffre est de 53 p. 100. En Grande-Bretagne, le taux de décès chez les hommes de cette souche est de 36 p. 100 plus élevé que dans la population indigène; chez les femmes britanniques originaires des Indes orientales, ce taux est de 46 p. 100 plus élevé. Aux États-Unis, le taux de décès des hommes de race noire est supérieur de 47 p. 100 à celui des Américains blancs; et, chez les femmes noires, la différence est de 69 p. 100.

Comment ce processus invisible mais dévastateur se déroule-t-il?

De retour dans son minuscule bureau de l'hôpital, le Dr Langer me l'a expliqué. Quand nous sommes bébés, la paroi de nos artères est d'un blanc laiteux et aussi lisse que du caoutchouc. Cependant, les premières traces d'accumulation de graisses ont été observées chez des bébés de 10 mois! À cause de notre régime alimentaire riche en graisses et de l'usage précoce de la cigarette, les pathologistes trouvent désormais normal de voir des signes d'accumulation de cholestérol dans les artères d'adolescents victimes d'accidents de la route.

Durant la première moitié de la vie, cette situation est plus fréquente chez les hommes que chez les femmes (bien que cela soit peut-être en train de changer). Les hommes, selon le Dr Langer, doivent commencer à se préoccuper de la maladie coronarienne dès la trentaine (en fait, l'Association américaine du cœur affirme que l'athérosclérose progresse rapidement dans la trentaine) et les femmes, à la ménopause. Après que les artères blanches et lisses des enfants ont enduré 20, 30 ou 40 ans d'un régime occidental riche en graisses saturées, qu'elles ont été constamment agressées par les toxines de la fumée du tabac — celle du sujet ou celle des fumeurs de son entourage — et qu'elles ont été privées des bienfaits de l'exercice physique régulier, elles ne sont pas trop jolies à voir. Au microscope, la paroi des artères semble aussi striée et trouée que la surface de la Lune. En coupe transversale, l'artère ressemble souvent à un œil mi-clos: le couloir dans lequel le sang circule est réduit de 30 à 40 p. 100 à cause de l'accumulation de «plaques».

Il ne s'agit pas simplement de cholestérol graisseux adhérant aux artères comme la suie à des tuyaux; c'est un processus beaucoup plus dynamique que cela. Le cholestérol est une substance graisseuse molle qui fait partie de nos cellules et qui assume un certain nombre de fonctions chimiques essentielles à la vie. Le gros du cholestérol — ou, la plupart du temps, tout le cholestérol — dont nous avons besoin est fabriqué par le foie, qui en produit environ 1000 mg par jour. Mais l'organisme en reçoit souvent plus qu'il n'en a besoin, à cause des aliments gras que nous consommons. Voici un moyen simple de trouver l'origine du cholestérol dans notre alimentation: les aliments d'origine animale en contiennent; ceux d'origine végétale en sont exempts.

Du fait qu'il est graisseux, le cholestérol ne peut se dissoudre dans le sang; il y est donc transporté et il se dépose dans les cellules sous la forme de molécules composées de gras et de protéines (lipoprotéines). Les lipoprotéines sont de deux types distincts, qui ont des fonctions opposées. Les lipoprotéines de basse densité (LDL), parfois appelées «mauvais» cholestérol, jouent le rôle de transporteurs du cholestérol vers les cellules; les lipoprotéines de haute densité (HDL), le «bon» cholestérol, acheminent les surplus vers le foie pour qu'il les élimine. Idéalement, les deux types de lipoprotéines sont en équilibre, et le cholestérol ne s'accumule pas.

Pour simplifier les choses, le médecin nous dira que nous avons un taux de cholestérol élevé ou un taux faible. Voilà qui est assez juste, puisque le «mauvais» cholestérol est présent dans le sang en plus grande quantité que le «bon» cholestérol. Il faut donc s'inquiéter d'un taux «combiné» élevé. Mais si nous voulons une représentation plus précise de ce qui se passe dans nos artères, il nous faut demander au médecin le ratio HDL/LDL. Plus il y a de «bon» HDL par rapport au «mauvais» LDL, plus le transport du cholestérol graisseux vers le foie éliminateur est efficace. Les femmes, avant la ménopause, ont naturellement un taux élevé de HDL. La consommation modérée d'alcool aide également à accroître le taux de HDL, chez les hommes comme chez les femmes.

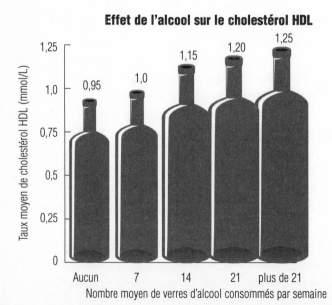

Effet de l'alcool sur le cholestérol HDL

Taux moyen de cholestérol HDL (mmol/L)

Nombre moyen de verres d'alcool consommés par semaine

Un taux élevé de LDL est très néfaste pour les artères. Avec le temps, les LDL entraînent l'accumulation de «plaques» susceptibles de bloquer partiellement ou totalement la circulation sanguine. La couche qui tapisse l'intérieur des artères pour les protéger, l'endothélium, est bombardée et percée par les LDL oxydées (substance nocive dont nous reparlerons dans la section portant sur les antioxydants), ce qui permet aux leucocytes d'y pénétrer et de s'y accumuler. Les stries graisseuses et les cellules spumeuses contribuent à l'épaississement de la paroi artérielle, le calcium s'y accumule (d'où le «durcissement» des artères), tandis que l'inflammation et les tissus cicatrisés réduisent le diamètre de l'artère dans laquelle le sang doit se frayer un chemin.

L'athérosclérose est-elle un processus réversible? Ces dernières années, des médicaments semblant inverser ce processus ont suscité beaucoup d'enthousiasme dans les milieux médicaux. Le Dr Langer nous conseille de ne pas trop espérer. La réduction des plaques est faible et lente. «Il a fallu 50 ans pour former cette plaque; il en faudrait peut-être 50 pour l'éliminer», déclare-t-il.

Dans votre vie quotidienne, vous êtes inconscient des changements qui s'opèrent en vous, mais les effets de cette plaque peuvent être variés, insignifiants ou tout à fait alarmants. Il y a peut-être assez de sang et d'oxygène qui se rendent à votre cœur quand vos activités sont normales, mais une déficience pourrait bien se manifester aussitôt que vous courez ou que vous faites un effort: au moment où vous vous effondrez sur votre siège après avoir couru pour attraper le train, il est possible que vous ressentiez une vive douleur dans la poitrine. Cela s'appelle «angine» ou «ischémie myocardique», et cette douleur vous avertit que vous risquez de subir une crise cardiaque dans un avenir rapproché.

Ce qui est plus alarmant encore, c'est qu'à cause de spasmes artériels ou de maladies des artères, nombreux sont ceux qui subissent de petites crises cardiaques sans même le savoir. Il s'agit d'ischémie myocardique silencieuse. Vous ne l'apprendrez que le jour où vous ferez une crise cardiaque grave et que votre médecin, après des tests, vous dira que ce n'est pas votre première. Les épreuves sur tapis roulant et le monitorage constant du cœur sont à peu près les seuls moyens de déceler ces petits épisodes traîtres.

La crise cardiaque proprement dite se produira probablement au moment où un morceau de la masse accumulée dans vos artères coronariennes se détachera et l'obstruera; ou encore quand un caillot se formera dans les tourbillons résultant du rétrécissement des vaisseaux et que votre cœur se trouvera en difficulté. (Si l'obstruction se produit dans les artères conduisant le sang au cerveau, un accident cérébrovasculaire s'ensuivra; s'il s'agit des artères des bras ou des jambes, la gangrène risque de s'installer.) Privées d'oxygène, des parties du merveilleux petit muscle qu'est le cœur — pas plus gros que votre poing — risquent de mourir, ou une arythmie peut amener le cœur à cesser de battre. C'est cet arrêt cardiaque que les hommes d'âge moyen craignent le plus (les femmes sont encore pour la plupart inconscientes des risques réels qu'elles courent). Cette crainte est tout à fait justifiée.

À l'hôpital Royal d'Édimbourg, j'ai visité deux ternes salles de réanimation, qui ne désemplissent pas et où infirmiers et médecins se servent de la force de leurs muscles et de défibrillateurs pour forcer des cœurs à reprendre leurs battements. Tous les hôpitaux modernes disposent de telles salles. À l'hôpital St. Michael, le Dr Langer m'a montré les machines de haute technologie servant au diagnostic et à la réanimation des patients de l'unité coronarienne. De nouveaux médicaments, les techniques d'angioplastie et même les ultrasons constituent quelques-uns des moyens mis à la disposition des médecins.

Bien entendu, il faut présumer que la victime est encore en vie à son arrivée à l'hôpital. Malheureusement, de 20 à 50 p. 100 des victimes de crise cardiaque — les estimations varient — meurent avant d'arriver à l'hôpital. La pire éventualité, c'est l'arrêt cardiaque, qui cause environ la moitié de tous les décès d'origine cardiaque. Selon le Dr Langer, si vous subissez un arrêt cardiaque à la maison ou au travail, vos chances d'être en vie et en bonne santé 30 jours plus tard sont de l'ordre de 5 à 10 p. 100. Même si l'arrêt cardiaque se produit à l'hôpital, malgré tout le matériel et le savoir-faire mis à votre service, vos chances de quitter l'hôpital en vie et en bonne santé ne sont que de 10 à 20 p. 100.

Si vous survivez à votre première crise cardiaque, vous avez 90 p. 100 de chances d'être encore en vie à la fin de l'année. Mais, selon le Dr Langer, si vous en aviez déjà subi une, votre espérance de vie est probablement raccourcie.

Ce sont là des faits dont nous entendons rarement parler. Ce que nous lisons souvent dans le journal, c'est plutôt l'histoire de gens qui, après avoir eu une crise cardiaque, ont repris une vie active et bien remplie, certains participant même à des marathons. Raconter ce genre d'histoire tient un petit peu du mensonge. Bien que, selon l'Association américaine du cœur, 88 p. 100 des victimes âgées de moins de 65 ans reprennent le travail après avoir survécu à une crise cardiaque, environ les deux tiers ne se rétablissent pas complètement.

Ne vous méprenez pas. Si j'avais une crise cardiaque ou si j'avais l'impression d'être sur le point d'en avoir une, je préférerais certes être branché à un moniteur et entouré de professionnels de la santé. Mais rien ne dit que je n'aurai pas de crise cardiaque ou d'accident cérébro-vasculaire dans mon lit d'hôpital et que je n'en mourrai pas.

Malgré nos connaissances toujours plus vastes sur le cœur et l'appareil circulatoire, la maladie coronarienne demeure en grande partie mysté-rieuse. Les cardiologues font penser à des pêcheurs à la ligne voguant sur l'océan. Leur frustration vient surtout du fait qu'ils interviennent générale-ment trop tard dans l'évolution de la maladie. Notre corps nous donne rarement des indices de l'accumulation de la plaque dans nos artères.

Depuis 1948, les citoyens de Framingham, au Massachusetts, ont été placés sous le microscope de l'une des études globales de santé les plus lon-gues de l'histoire. L'une des conclusions de cette étude est que, parmi les sujets morts d'une crise cardiaque, la moitié des hommes et les deux tiers des femmes n'avaient jamais eu de symptômes. La mort subite est très sou-vent la première manifestation de la maladie. Presque aussi alarmant encore est le fait que, en vieillissant, les gens risquent de plus en plus de subir des crises cardiaques silencieuses. Les lésions pourraient être perma-nentes; pourtant, la victime n'est même pas consciente de la crise. On estime que de 20 à 60 p. 100 de toutes les crises cardiaques tombent dans cette catégorie et que les femmes y sont plus sujettes que les hommes. Selon le Dr Langer, qui a dirigé une étude sur les crises cardiaques silen-cieuses, le sujet ne remarque tout simplement pas les symptômes que sont les sueurs et une douleur modérée à la poitrine. Les diabétiques, souvent insensibles à la douleur, sont particulièrement exposés.

Le caractère imprévisible des troubles cardiaques est une autre source de frustration pour les cardiologues. «Il arrive que, tel jour, je voie un patient avec une accumulation de 20 p. 100 dans ses artères, et que la fois suivante, le blocage soit de 100 p. 100, déclare le Dr Langer. D'autres patients, dont les vaisseaux sont obstrués à 50 ou 60 p. 100, pas-seront toute leur vie sans subir aucun accident. Je peux dire que, parmi 100 personnes comme vous, 10 mourront. Mais je suis incapable de vous dire si vous ferez partie de ces dix-là.»

L'un des cardiologues que j'ai rencontrés aime bien commencer ses conférences en projetant la photo d'Arthur Ashe, champion de tennis de Wimbledon en 1975, en même temps que celle de Winston Churchill. Ashe, athlète en parfaite forme physique, faisait tout ce qu'il pouvait pour rester en bonne santé; mais, à cause d'une maladie cardiaque, il a subi une intervention chirurgicale au cours de laquelle il a été contaminé par une transfusion sanguine. Le sida l'a emporté. Churchill, lui, fumait de gros cigares, restait couché jusqu'à l'heure du dîner, ne faisait aucun exercice et mangeait en faisant fi de toutes les règles de santé. On sait qu'il buvait pas mal. Il est mort à 91 ans.

POURQUOI LES FEMMES DEVRAIENT S'INQUIÉTER

Demandez à la plupart des femmes quelle est la cause principale de mortalité féminine chez les sujets de moins de 65 ans et, presque invariablement, elles vous répondront: le cancer du sein. Or, la vraie réponse, c'est la maladie coronarienne.

Au Canada, les maladies cardiovasculaires tuent à peine moins de femmes que d'hommes: 37 000 contre 39 600 en 1992. Les statistiques publiées en 1995 par l'Association américaine du cœur comprennent un diagramme plutôt consternant. On y voit la tendance des courbes illustrant les décès de cause cardiovasculaire chez les hommes et les femmes. Les deux courbes se sont croisées en 1984 pour ensuite s'écarter l'une de l'autre; depuis, le taux de mortalité cardiovasculaire des femmes dépasse celui des hommes. Les deux taux ont décliné jusqu'en 1990, année où celui des femmes a commencé à remonter.

Tendances de la mortalité cardiovasculaire chez les hommes et les femmes États-Unis, 1979-1991

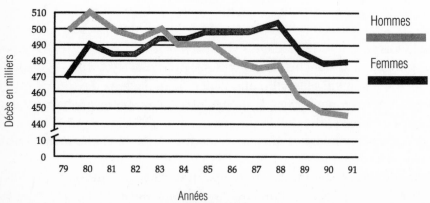

Années
Association américaine du cœur

40

Il y a une raison pour laquelle, dans le passé, les problèmes cardiaques des femmes recevaient peu d'attention. En règle générale, la plaque commence à s'accumuler dans les artères des hommes beaucoup plus tôt que dans celles des femmes. Les hommes commencent à avoir des crises cardiaques à 35 ans. Les femmes, elles, sont généralement protégées par leurs hormones. L'œstrogène prévient l'accumulation de cholestérol. Ce n'est qu'après la ménopause, quand les réserves d'œstrogène s'épuisent, que le taux de cholestérol commence à monter. Si on conseille aux femmes ménopausées de prendre un supplément d'œstrogène, c'est en partie pour réduire les risques de crise cardiaque.

Dans le cas des hommes, essentiellement, on a toujours considéré la maladie coronarienne comme une menace de la quarantaine. Cette menace apparaissait plus tard chez les femmes: les crises cardiaques se produisaient 10 ans plus tard chez elles. Il ne faut donc pas s'étonner si, selon un certain nombre d'études, les maladies cardiaques des hommes sont traitées beaucoup plus vigoureusement par les médecins que ne le sont celles des femmes. Disons-le crûment: beaucoup plus de pressions s'exercent sur les médecins pour qu'ils sauvent la vie d'un jeune père, auquel il reste peut-être 30 ans à vivre, que ce n'est le cas pour une femme de 70 ans, dont les perspectives sont plus limitées. Des études menées dans plusieurs pays révèlent qu'il est moins probable que le diagnostic initial soit exact pour les femmes et qu'il est moins probable qu'elles reçoivent les médicaments et opérations qui pourraient leur sauver la vie. En outre, quand c'est une femme qui subit une crise cardiaque, il est plus probable qu'elle en mourra.

Il faut que cette situation change. Les maladies cardiaques sont de plus en plus inquiétantes pour les femmes dans la quarantaine. Il est facile de comprendre pourquoi: à bien des égards, la vie des femmes ressemble de plus en plus à celle des hommes. Dans les années 50, deux fois plus d'hommes que de femmes fumaient. Aujourd'hui, c'est l'égalité. Mais le plus troublant, c'est que plus d'adolescentes que d'adolescents commencent à fumer. Traditionnellement, les hommes se gavaient d'œufs et de bacon, commandaient un gros bifteck avec une pomme de terre au four dégoulinante de beurre et s'empiffraient de desserts. Aujourd'hui, certaines études montrent que le régime alimentaire de la femme moyenne contient un peu plus de graisses saturées que celui de l'homme moyen et que les femmes, peut-être parce qu'elles passent souvent plus de temps que les hommes assises derrière un bureau, font moins d'exercice que les hommes.

Voici ce que déclare le Pr Kay-Tee Khaw, chef de gérontologie clinique à l'université de Cambridge: «Au cours des 50 dernières années, le taux de crises cardiaques est monté en flèche. Les hommes ont d'abord été frappés. Les femmes ont été touchées plus tard, à cause d'un changement dramatique dans le style de vie de bon nombre d'entre elles. Même si le taux des décès dus aux maladies cardiaques diminue en Grande-Bretagne, cette baisse est plus lente chez les femmes que chez les hommes. En Angleterre, entre 1981 et 1991, la réduction de ce taux a été de 17 p. 100 chez les femmes, mais de 25 p. 100 chez les hommes.»

Pour ce qui est du stress — autre facteur de risque majeur de la maladie coronarienne —, les femmes sont en train de devancer les hommes. Les recherches indiquent que les femmes qui occupent des postes stressants et qui ont de fréquentes querelles avec leurs proches courent presque deux fois plus de risques de subir une crise cardiaque que celles dont le travail est moins stressant et qui mènent une vie familiale plus paisible. Naguère, les femmes pouvaient consacrer du temps à leurs amies et à leurs enfants. Aujourd'hui, beaucoup d'entre elles souffrent d'épuisement, du fait qu'elles ont un travail à temps plein et qu'on s'attend à ce qu'elles soient des superfemmes à la maison.

L'étude de Framingham, qui a suivi 10 000 sujets initialement en bonne santé, révèle que 35 p. 100 des crises cardiaques chez les sujets femmes n'ont pas été détectées, comparativement à 28 p. 100 chez les sujets hommes. Aux États-Unis, 48 p. 100 des hommes emportés par une crise cardiaque n'ont jamais eu de symptômes préalables; mais, chez les femmes, cette statistique est de 63 p. 100. Même quand elles sentent que quelque chose ne va pas, les femmes — ainsi que leurs médecins — sont parfois déroutées par les symptômes de la crise cardiaque. Au lieu de la pression bien connue sur la poitrine que ressentent généralement les hommes, le premier signe d'une crise cardiaque chez les femmes pourrait bien être une sensation de brûlure dans le cou ou les épaules. Elles se sentiront peut-être simplement fatiguées ou elles auront la nausée — deux symptômes qu'on n'attendrait pas d'une situation mettant la vie en péril. Quand elles se rendent à l'hôpital, les résultats des épreuves courantes de diagnostic — l'épreuve de marche sur tapis roulant, par exemple — sont moins fiables dans leur cas que dans celui des hommes. De plus, les femmes croient trop souvent que les conseils sur la prévention de la maladie coronarienne ne s'adressent pas à elles.

C'est là une grave erreur. Les facteurs de risque qui s'appliquent aux hommes — crises cardiaques dans la famille, usage du tabac, taux de cholestérol élevé, faible taux de HDL par rapport au taux de LDL, mauvaise alimentation et manque d'exercice — s'appliquent également aux femmes. L'Institut de cardiologie de l'Arizona a mis au point une série d'épreuves pour mesurer le «risque cardiaque» des femmes. Les épreuves tiennent compte des facteurs de risque susmentionnés, mais portent aussi sur certains risques particulièrement pertinents dans le cas des femmes. Le diabète est souvent l'indicateur négligé d'une maladie du cœur, par exemple, et il constitue un risque aussi grave pour les femmes que pour les hommes. La femme ménopausée, ou qui a subi une hystérectomie à 40 ans ou avant, doit être particulièrement prudente, surtout si elle ne prend pas de supplément d'œstrogène. En outre, l'âge est un facteur crucial, le plus grand danger existant à partir de 51 ans.

Ce sont là de bons conseils, mais qui omettent un point important. Bien entendu, il est essentiel pour les femmes traversant actuellement la période dangereuse de la vie de prendre les précautions qui s'imposent. Mais de sombres lendemains se préparent pour toute une génération d'adolescentes et de jeunes femmes qui, en fumant, en négligeant de faire de l'exercice, en s'exposant au stress et en mangeant sur le pouce des aliments riches en graisses, feront que le taux de mortalité des femmes d'aujourd'hui sera enviable par rapport au leur. Ce sont elles qui doivent entendre notre message.

LES MALADIES DU CŒUR: QUE POUVEZ-VOUS FAIRE?

Que pouvez-vous faire pour prévenir les maladies du cœur? Avoir d'autres parents aurait été un bon début. L'hérédité joue un grand rôle dans la santé du cœur. Si votre père ou votre mère, votre frère ou votre sœur, voire votre tante ou votre oncle est mort d'une crise cardiaque, vous courez de grands risques. On estime que plus de 66 p. 100 des victimes d'une crise cardiaque avant 55 ans comptent dans leur famille un ou plusieurs membres qui en ont aussi subi une.

Puisqu'il est impossible de changer de famille, que pouvez-vous faire? Si vous fumez, votre priorité est de cesser. L'hypertension artérielle constitue un risque énorme et caché. En Amérique du Nord, on estime qu'un adulte sur quatre a une tension artérielle trop élevée; moins de la moitié d'entre eux se feraient traiter. Une réduction d'environ 3 p. 100 de la tension artérielle — par un régime alimentaire, par de l'exercice et, s'il le faut, par des médicaments — correspond à une réduction de 16 p. 100 du risque de maladie coronarienne. Un taux élevé de cholestérol total est un autre facteur de risque majeur. Comme nous l'avons vu, c'est le rapport entre le cholestérol LDL et le cholestérol HDL qui compte. Le rapport moyen est de 5:1, mais un rapport de 3:1 réduit de moitié le risque de crise cardiaque. Selon une estimation du Dr Meir Stamfer, de l'université Harvard, chaque point d'augmentation du cholestérol HDL réduit de 7 p. 100 le risque de maladies du cœur.

Combinez l'hypertension, un taux élevé de cholestérol et le manque d'exercice, et vous obtenez un sujet sans doute obèse; l'obésité est un autre indicateur de maladie coronarienne.

Si vous souhaitez améliorer vos chances de survie, le meilleur conseil que je puisse vous donner, c'est de demander à votre médecin de déterminer votre taux de cholestérol et votre tension artérielle, et de vous expliquer la signification de ces chiffres.

Deuxième conseil: faites de l'exercice. L'exercice régulier doit être intégré à votre vie quotidienne. Nombreux sont ceux qui prétendent ne pas avoir le temps d'en faire. Au fond, ce qu'ils disent, c'est qu'ils n'ont pas le temps de vivre. Essayez de vous rendre au travail à pied ou de descendre du métro ou du bus avant votre arrêt. Faites vos courses à bicyclette plutôt qu'en voiture; voyez s'il n'y aurait pas une piscine près de votre lieu de travail, pour faire un peu de natation le midi.

Troisième conseil: consommez beaucoup de fruits et de légumes frais. Une alimentation équilibrée est essentielle, même si ce n'est pas toujours facile de s'y plier quand la vie va trop vite. Il est difficile d'éviter les aliments transformés, mais, au moins, choisissons-les en fonction de leur faible teneur en graisses et ajoutons-y les irremplaçables fruits et légumes frais.

Jusqu'à tout récemment, c'étaient là les trois recommandations à suivre pour réduire les risques de crise cardiaque. Aujourd'hui, un quatrième conseil s'impose. La consommation modérée d'alcool, plus particulièrement de vin, vient s'ajouter à la liste des décisions à prendre.

CHAPITRE 3

VIN ET BONNE CHÈRE

LA RÉVOLUTION DU VIN

C'est à Cardiff, au pays de Galles — cité de la chanson et du rugby, mais certainement pas du vin —, qu'est née la révolution moderne du vin. Dans cette ville, en 1978, le Dr A. Selwyn St. Leger, jeune chercheur en épidémiologie au Conseil de recherches médicales, a mené, plus ou moins à tâtons, une recherche sur les causes de la maladie coronarienne.

Cette recherche avait commencé comme toutes les autres enquêtes exploratoires, dans lesquelles les scientifiques étudient pêle-mêle toutes sortes de risques et de bienfaits potentiels. St. Leger et deux de ses collègues comparaient les taux de mortalité due à la maladie coronarienne de 18 pays — dont le Canada, les États-Unis, le Royaume-Uni, l'Irlande, la France, l'Italie et l'Australie — avec tout un lot de statistiques diverses, allant de la consommation de graisses saturées jusqu'au nombre de médecins per capita. Les chercheurs n'arrivaient à rien.

L'effectif des médecins et infirmières ne semblait pas avoir d'effet sur le nombre de décès dus à des cardiopathies et, comme on s'y était attendu, la consommation totale de graisses et le tabagisme faisaient monter la mortalité due à la maladie coronarienne. La consommation d'alcool apparaissait comme un élément protecteur majeur. Voilà qui n'était pas inattendu, puisque les études de Klatsky, en Californie, et celle d'Honolulu portant sur des sujets japonais avaient déjà fait ressortir la courbe en U, prouvant que les buveurs modérés sont mieux protégés contre la maladie coronarienne que les abstinents ou les buveurs excessifs.

Puis, la chance a frappé à la porte. «C'est grâce à la chance, dit St. Leger, que nous avons pu mettre la main sur les statistiques de consommation d'alcool par pays réparties par genre: bière, vin et spiritueux.» St. Leger et son équipe ont décidé de ventiler les données sur l'alcool pour voir si un type de boisson était meilleur que les autres. Les résultats ont été étonnants.

Pour ce qui était du taux de mortalité due à la maladie coronarienne chez les hommes âgés de 55 à 64 ans (période où le risque est le plus élevé pour l'homme), il était clair que le vin offrait une meilleure protection. La figure à la page suivante l'illustre bien.

À gauche, les bastions de la bière et des spiritueux comme la Finlande, l'Écosse, les États-Unis, la Nouvelle-Zélande, le Canada, l'Angleterre et le pays de Galles, l'Irlande et la Norvège présentent les taux les plus élevés de mortalité due à la maladie coronarienne. Au bas du diagramme apparaissent les pays où ce taux est le plus faible; ce sont les pays où l'on consomme beaucoup de vin: France, Italie, Suisse, Autriche et même l'Allemagne de l'Ouest de l'époque.

Taux de mortalité due à la maladie coronarienne de 18 pays occidentaux

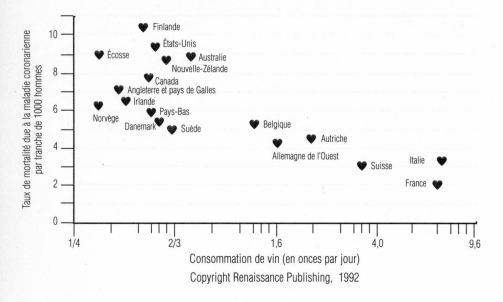

Consommation de vin (en onces par jour)

Copyright Renaissance Publishing, 1992

St. Leger et son équipe ont publié les conclusions de leur recherche dans le numéro de mai 1979 de la revue *The Lancet*. Même aujourd'hui, en lisant entre les lignes, on perçoit l'excitation qui anime leurs prudentes conclusions. La conclusion portant sur le vin était «de loin le résultat le plus intéressant». Le lien établi entre la consommation de vin et la protection contre la maladie coronarienne était si solide qu'ils ont émis l'hypothèse (plus tard réfutée) selon laquelle tout l'effet de protection identifié par Klatsky et par d'autres chercheurs viendrait peut-être du vin, et non des autres boissons alcoolisées. Toutefois, la phrase qui suivait cet énoncé était prophétique: «Si le vin a un effet de protection contre la mortalité [due à la maladie coronarienne], à la lumière des résultats de nos recherches, cette protection est attribuable plus probablement à des constituants autres que l'alcool lui-même. Les vins sont riches en composés aromatiques et en éléments à l'état de trace qui leur donnent leur caractère distinctif; c'est peut-être à ces constituants qu'il faut attribuer l'effet de protection.»

Selon St. Leger et son équipe, il fallait que la recherche suivante porte sur les effets du vin sur les lipides et autres constituants du sang, ainsi que sur l'agrégation plaquettaire (adhésivité des plaquettes sanguines). En concluant son article, St. Leger n'a pu s'empêcher d'y ajouter un cri du cœur: «Si on finit par déterminer que le vin contient une substance qui protège [contre la maladie coronarienne], alors nous considérerions presque comme un sacrilège le fait d'isoler ce constituant: le médicament se présente déjà sous une forme très agréable (comme tout connaisseur le confirmera).»

St. Leger, des années avant tous les autres chercheurs, avait orienté la recherche dans une direction susceptible de sauver de nombreuses vies. Son article a causé bien des remous au moment de sa publication, et les médias sollicitaient des entrevues avec lui. Qu'a-t-il fait alors? Il a changé de sujet de recherche.

«Le plus drôle, c'est que, après cette recherche, je suis passé à autre chose et que je l'ai en quelque sorte oubliée», m'a-t-il dit, comme toujours charmant et un peu distrait. En fait, St. Leger s'est ensuite consacré à des sujets moins spectaculaires ayant rapport avec l'organisation du Service national de santé. Aujourd'hui âgé de 48 ans, il est conférencier principal et conseiller en santé publique à l'université de Manchester. Personne n'a été plus étonné que lui quand, à la fin de 1994, il a été invité en Slovénie pour participer à une conférence internationale sur les effets du vin sur la santé, conférence à laquelle, m'a-t-il dit encore incrédule, on l'a accueilli «comme une sorte de gourou».

«C'est vous!» s'est exclamée en le rencontrant Elisabeth Holmgren, directrice de la recherche à l'Institut du vin de San Francisco. «Nous croyions que vous étiez mort... ou au moins octogénaire! C'est vous qui êtes à la source de tout!»

Ce dont St. Leger est responsable, ce n'est pas vraiment d'un effort de recherche concerté en vue d'identifier les bienfaits possibles du vin sur la santé, mais plutôt d'un ensemble disloqué de projets, auxquels les chercheurs travaillent souvent de façon isolée et sans grand financement. Comme nous l'avons mentionné, les subventions de recherche gouvernementales dans ce domaine sont presque exclusivement consacrées aux projets reliés aux effets néfastes de l'alcool et non aux recherches susceptibles d'ébranler les préjugés.

L'année suivant la publication de l'article de St. Leger, une autre grande percée s'est produite. À Philadelphie, deux savants de l'Institut Wistar d'anatomie et de biologie, David Klurfeld et David Kritchevsky, ont mené des expériences sur des animaux afin de comparer les effets de protection du vin, de la bière et des spiritueux contre l'athérosclérose.

Ils ont mis au point un régime alimentaire gras correspondant à celui du Nord-Américain typique. En y ajoutant des doses de cholestérol, ils ont soumis à ce régime 48 lapins mâles pendant 3 mois. Les lapins étaient divisés en six groupes. Le groupe témoin recevait de l'eau; les cinq autres groupes recevaient de l'éthanol (alcool pur), du vin rouge, du vin blanc, de la bière ou du whisky.

Au bout des trois mois, les lapins ont été envoyés rejoindre leur créateur. Klurfeld et Kritchevsky ont alors étudié à fond leur cœur et leurs artères. Comme prévu, ils renfermaient des cellules spumeuses grasses semblables aux stries graisseuses que l'on trouve dans les artères humaines. En fait, les savants ont été étonnés de constater la vitesse à laquelle le régime alimentaire nord-américain avait provoqué l'athérosclérose chez les lapins.

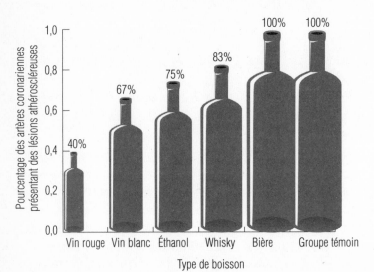

Athérosclérose chez les lapins

Adapté de Klurfeld *et al.*
Experimental and Molecular Pathology, 1990

Cependant, tous les lapins n'étaient pas touchés dans la même mesure. Cent pour cent des lapins du groupe témoin présentaient des lésions graisseuses dans les artères coronariennes, comme les lapins qui avaient consommé de la bière. Ce pourcentage était de 83 p. 100 pour les lapins buveurs de whisky, de 75 p. 100 chez les buveurs d'éthanol, de 67 p. 100 chez les buveurs de vin blanc et de 40 p. 100 seulement chez les lapins abreuvés de vin rouge. Les auteurs en sont arrivés aux conclusions suivantes: «Le vin rouge a considérablement réduit l'incidence de l'athérosclérose de l'aorte. Des preuves scientifiques viennent donc étayer le conseil que Paul prodiguait à Timothée: "Ne continue pas de ne boire que de l'eau; mais fais usage d'un peu de vin à cause de ton estomac et de tes fréquentes indispositions."» Les recherches sur les populations de patients commençaient à confirmer que le vin avait des propriétés particulières.

Jusqu'en 1980, la plupart des études de population relatives à l'alcool et à ses effets sur la maladie coronarienne avaient porté sur des hommes de 50 ans et plus. Elles reflétaient le préjugé médical traditionnel, mais de plus en plus démodé, selon lequel les femmes, surtout celles de moins de 50 ans, étaient relativement à l'abri des maladies du cœur. En 1981, Lynn Rosenberg, chercheur à la faculté de médecine de l'université de Boston, allait ébranler cette idée préconçue.

Comme beaucoup d'autres études portant sur l'alcool, celle de Rosenberg avait commencé sur un sujet tout autre: les effets des contraceptifs oraux sur les femmes. Au cours de cette étude, Rosenberg a repéré pas moins de 513 femmes, âgées de 30 à 49 ans, hospitalisées après avoir subi leur première crise cardiaque. Elle les a comparées avec 918 autres femmes hospitalisées pour d'autres raisons. Les infirmiers enquêteurs ont posé aux deux groupes des questions détaillées portant sur l'usage des contraceptifs oraux, sur leur poids, sur leur consommation de cigarettes et, secondairement, sur leurs habitudes de consommation de boissons alcoolisées. Ce n'est qu'après avoir terminé cette étude que Rosenberg s'est rendu compte qu'elle possédait de précieux renseignements sur les possibles effets bénéfiques de l'alcool — pour une fois, sur les femmes.

Après une nouvelle analyse des données, elle a découvert — ce qui ne devrait pas nous étonner compte tenu de ce que nous savons maintenant sur le potentiel de protection de l'alcool — que le risque de crise cardiaque était plus élevé pour les abstinentes que pour les buveuses modérées. Les boissons privilégiées par les buveuses modérées étaient les spiritueux, suivis de près par le vin et par la bière. Il est apparu que les buveuses de vin bénéficiaient de la plus grande protection: une réduction de 50 p. 100 des risques de crise cardiaque par rapport aux abstinentes. Chez les buveuses de spiritueux, la réduction était de 10 p. 100 et, chez les buveuses de bière, de 20 p. 100.

Entre-temps, à Oakland, le Dr Klatsky étudiait sur son ordinateur les dossiers médicaux et les préférences en matière d'alcool de quelque 129 000 sujets. Lui aussi a conclu que le risque de crise cardiaque était considérablement plus faible chez les buveurs de vin que chez les buveurs de spiritueux ou de bière. Cette fois-là, le vin blanc semblait avoir un léger avantage sur le vin rouge. Cela pourrait s'expliquer par le fait que dans les années 80, en Californie surtout, le vin blanc est devenu le vin privilégié par des millions de consommateurs, en raison de son image «légère» et de la douceur de son goût. C'était un vin qui attirait les nouveaux amateurs, non encore habitués au goût plus corsé du vin rouge. Selon Klatsky, il fallait «interpréter avec prudence» les données indiquant que le vin était plus bénéfique que les spiritueux et la bière. Les buveurs de vin, disait-il, sont généralement plus aisés financièrement et en meilleure santé que les buveurs de spiritueux ou de bière.

En 1986, Klatsky et ses collègues rapportaient que le risque d'être hospitalisé à cause d'une maladie coronarienne était de 11 p. 100 inférieur pour le consommateur de vin, comparativement au buveur de bière ou de spiritueux. En 1990, ils écrivaient que les buveurs modérés de vin couraient 50 p. 100 moins de risques de mourir d'une crise cardiaque que les abstinents et 20 p. 100 moins de risques de décès toutes causes confondues. Les données correspondantes pour les buveurs de bière étaient de 30 p. 100 et de 10 p. 100; les buveurs de spiritueux couraient 40 p. 100 moins de risques de mourir d'une crise cardiaque que les abstinents, mais à peu près les mêmes risques de décès toutes causes confondues.

Ces informations étaient plutôt frustrantes: on ne pouvait que deviner que le vin était la plus avantageuse des boissons alcoolisées. La difficulté résidait dans le fait que, parmi les douzaines d'études de population ayant révélé que l'alcool protégeait le cœur, peu faisaient la distinction entre les trois types de boissons alcoolisées. Et chaque fois que le vin remportait la palme, comme dans certaines des études du Dr Klatsky, des réserves ou conditions étaient formulées.

En décembre 1994, à l'occasion d'une conférence à Toronto, j'avais rencontré le Dr Martin Grønbæk, chercheur attaché au Centre d'épidémiologie du Danemark, à Copenhague. Son groupe avait suivi pendant 12 ans la vie de 6000 hommes et de 7000 femmes âgés de 30 à 79 ans, en consignant soigneusement leurs habitudes de consommation d'alcool et de tabac, notamment. L'une des conclusions les plus encourageantes de l'article que le groupe danois venait de publier était que les femmes participant à la recherche bénéficiaient de la même protection que les hommes pour une même consommation d'alcool. Selon Grønbæk, il fallait en déduire que le conseil traditionnel donné aux femmes, selon lequel elles devaient boire moins que les hommes, était à réévaluer.

Y avait-il des différences selon le type de boisson consommée? À ce sujet, Grønbæk devenait soudainement mystérieux. Un autre article serait bientôt publié; jusque-là, il ne pouvait rien me dire. Au cours de l'hiver, j'ai eu vent de rumeurs selon lesquelles l'article de Grønbæk pencherait en faveur du vin.

La publication de cet article a été retardée. Puis, le 5 mai, une fois paru dans le *British Medical Journal*, l'article fit la manchette des journaux du monde entier. Les données de l'étude révélaient que presque tous les bienfaits de l'alcool pour le cœur et pour la protection de la vie provenaient du vin. Plus vous buviez de vin — jusqu'à trois à cinq verres par jour —, moins vous risquiez d'être emporté par une crise cardiaque ou par un accident cérébrovasculaire. En fait, moins vous risquiez de mourir de quelque maladie que ce soit. À ce niveau de consommation, les risques de mortalité due à une crise cardiaque ou à un accident cérébrovasculaire étaient réduits de 60 p. 100 et les risques de mortalité toutes causes confondues l'étaient de 50 p. 100. Par comparaison, ceux qui buvaient de trois à cinq verres de bière par jour réduisaient de 30 p. 100 les risques de crise cardiaque et d'accident cérébrovasculaire, mais pratiquement pas les risques de mortalité toutes causes confondues.

Les moins bonnes nouvelles étaient réservées aux fabricants de schnaps — l'alcool préféré des Danois — et aux autres distillateurs du monde. La vaste étude ne révélait qu'un très faible avantage pour ceux qui ne consommaient que des spiritueux. Un ou deux verres de spiritueux par jour n'apportaient pas plus de bienfaits que l'abstinence, tandis qu'une consommation quotidienne de trois à cinq verres augmentait du tiers les risques de crise cardiaque, d'accident cérébrovasculaire et de mortalité toutes causes confondues.

La surprise dans l'étude danoise, ce n'était pas seulement le fait que le vin était plus bénéfique que les autres boissons alcoolisées, mais aussi les quantités en jeu. Cinq verres correspondent à peu près à une bouteille. Voilà qui est loin des deux, peut-être trois, verres par jour que la plupart des experts recommandent. Et beaucoup avancent qu'une telle consommation entraînerait de nombreux buveurs dans la zone de danger où les risques commencent à se multiplier. Il faudrait toutefois se rappeler que sir Richard Doll, au cours de sa célèbre conférence de Sydney, avait affirmé que l'effet protecteur de l'alcool était évident jusqu'à une consommation de quatre verres par jour, ce qui correspond à peu près aux conclusions de l'étude danoise.

D'aucuns ont été étonnés que ces résultats proviennent du Danemark, que la plupart d'entre nous associent au schnaps et à la bière

Tuborg ou Carlsberg, mais pas au vin. Les chiffres racontent une tout autre histoire. Après le Royaume-Uni, le Danemark a connu la plus forte augmentation de la consommation de vin au monde: elle a doublé au cours des 15 dernières années. Selon Grønbæk et ses collègues, cela pourrait expliquer la réduction de 30 p. 100 du taux de maladie corona-rienne qu'a connue le Danemark durant cette même période. Les auteurs pensent que l'influence des partenaires du Danemark dans le marché commun a fait augmenter les ventes de vin. Quelle qu'en soit la cause, les Danois consomment annuellement 22 litres de vin par habi-tant, surtout du vin importé des régions de Bordeaux et de Bourgogne. (Ces deux régions, comme nous le verrons plus tard, produisent des vins rouges remarquables pour leurs propriétés de protection du cœur.)

Les questions que soulève l'étude danoise — sur la supériorité du vin par rapport aux autres boissons alcoolisées et sur la consommation opti-male — feront l'objet de discussions chez les spécialistes pendant de nombreuses années encore. Il est toutefois indéniable que cette étude contribue largement à expliquer le paradoxe français.

Entre-temps, reprenons les mots d'un éditorial du *Times* de Londres publié le lendemain de la diffusion de l'étude: Grønbæk et ses collègues «méritent qu'on fasse leur éloge et qu'on leur porte un toast dans tout le pays [...] Pour l'usage qu'ils font d'un verre et pour ce qu'ils y versent, nous leur disons: santé!»

LE PARADOXE FRANÇAIS

Décor: Un petit restaurant de la banlieue de Lyon, en France
Heure: Midi
Personnages: Un professeur très «français» accompagné d'un journaliste du *Daily Telegraph*

Le propriétaire, un homme corpulent et démonstratif, décrit les plaisirs qui les attendent: un perdreau écossais non faisandé, rôti dans sa graisse, nappé de sauce au champagne et accompagné de champignons sauvages, de foie gras et de foie de perdreau cru. Le repas commence par une salade de laitue garnie de pommes et de fro-mage, servie avec une vinaigrette à la crème fraîche; il se termine par un fromage, du café et des truffes au chocolat. Le tout arrosé du meilleur bordeaux rouge de leur hôte.

C'est le genre de repas à faire s'évanouir n'importe quel nutritionniste moderne. Mais ne vous en faites pas: c'est le Pr Serge Renaud qui fait la démonstration de son savoir pour impressionner un journaliste étranger. Les truffes et la crème fraîche, c'est un peu exagéré, reconnaît-il, mais le fromage, malgré sa teneur élevée en calories, ne fait aucun tort.

Si son travail dans les laboratoires de l'Institut national de la santé et de la recherche médicale (INSERM) lui avait laissé plus de temps, le Pr Renaud aurait emmené son invité quelque 400 kilomètres plus au sud, à Toulouse, pour lui montrer ce qu'il considère comme un spectacle d'épouvante gastronomique encore plus saisissant. À Toulouse, les étals regorgent de confits d'oie et de canard de grain, figés dans une graisse cireuse et blanche, et le menu quotidien se compose de cœurs d'oie, de saucisses, de toutes sortes de foies gras et, bien entendu, d'un assortiment illimité de fromages.

Connaissant le régime alimentaire qui règne dans le sud de la France, et le fait que les Français semblent généralement adorer les Gauloises et éviter toute forme d'activité physique, on s'attendrait à ce que les unités de soins coronariens de la région ne désemplissent pas. Ce n'est pas le cas. Les Toulousains connaissent l'un des taux de maladie coronarienne les plus faibles du monde. Un Californien de Stanford court deux fois plus de risques de subir une crise cardiaque qu'un Toulousain; un homme habitant Halifax, en Nouvelle-Écosse, court presque trois fois plus de risques d'avoir une crise cardiaque qu'un Toulousain.

Le Pr Renaud, un épidémiologiste qui a longtemps fait carrière au Canada, croit que si les Français s'en tirent bien, c'est en partie grâce à la cuisine locale qui, selon lui, n'est pas aussi néfaste pour l'organisme qu'on le croit. La graisse d'oie ou de canard ne serait pas aussi mauvaise que le sont les graisses saturées utilisées dans les pays plus nordiques. Il croit cependant que le faible taux de crises cardiaques est en grande partie attribuable à l'alcool. Et quand nous parlons d'alcool à Toulouse, c'est de vin rouge qu'il s'agit.

Renaud, prophète de ce que l'on appelle aujourd'hui le «paradoxe français», s'est fait connaître à l'échelle mondiale à l'occasion de la désormais célèbre émission *60 Minutes* diffusée en novembre 1991 par le réseau CBS. Le segment consacré au sujet s'ouvrait de façon tout à fait anodine sur l'image du correspondant Morley Safer, qui se demandait pourquoi les Français, qui consomment 30 p. 100 de matières grasses de plus que les Américains, qui fument plus qu'eux et qui font moins d'exercice, subissent moins de crises cardiaques. «Si vous êtes un Américain d'âge moyen, disait-il, les risques que vous mouriez d'une crise cardiaque sont trois fois plus élevés que pour un Français du même âge. Il est donc évident que les Français font quelque chose de bon que nous ne faisons pas, nous.»

Ensuite, on voyait Safer, attablé dans un restaurant de Lyon, lisant avec hésitation le menu qui offrait fromage de tête, boudin, pommes de terre à l'huile, mets nappés de beurre fondu et de crème, le tout accompagné d'une grosse portion de fromage très gras. Comment les Français arrivaient-ils à faire fi des règles de nutrition apparemment immuables partout ailleurs dans le monde?

«Bien entendu, déclarait Renaud, compagnon de table de Safer, mon explication, c'est la consommation d'alcool.» Safer, en voix hors champ, disait que beaucoup de médecins croyaient que l'alcool, plus particulièrement le vin rouge, réduisait les risques de maladie du cœur. «Cela est pour ainsi dire confirmé», ajoutait-il. Renaud avançait que la consommation modérée d'alcool pouvait réduire de 50 p. 100 les risques de maladie coronarienne. «Modérée?» demandait Safer. «Cela veut dire quelques verres de vin par jour. Si vous vous en tenez à cela, vous ne vous enivrerez jamais.»

Safer poursuivait en disant qu'un certain nombre de médecins américains lui avaient avoué que, s'il n'en tenait qu'à eux, ils élimineraient le lait des cantines scolaires et le remplaceraient par du vin dilué. «L'habitude [nord-]américaine de boire du lait, lui avaient-ils dit, prépare nos enfants de 12 ans à subir des crises cardiaques à 50 ans.» Safer, sirotant un verre de vin, faisait remarquer que les Américains comptaient parmi les plus faibles consommateurs de vin au monde (7 litres par habitant par année, comparativement à 9 litres au Canada, 12 au Royaume-Uni et 67 en France), mais avaient l'un des taux les plus élevés de crises cardiaques. Il ajoutait que la région du pays où l'on en consomme le moins — les États du Sud profondément protestants — était souvent appelée «pays des accidents cérébrovasculaires» par les médecins.

Voilà. Il n'en fallait pas plus. Le lendemain, Américains et Canadiens se précipitaient dans les magasins de vin. Le *Wall Street Journal* rapportait que, dans les quatre semaines suivant la diffusion de cette édition de *60 Minutes*, les ventes de cabernet sauvignon avaient augmenté de 45 p. 100. La vinerie californienne Robert Mondavi annonçait une hausse de 50 p. 100 de ses ventes de cabernet. L'été suivant, après la rediffusion de l'émission, les ventes de vin ont de nouveau monté en flèche. Les ventes de vin rouge (plutôt faibles au départ) sont restées de 15 p. 100 supérieures à ce qu'elles étaient avant l'émission, malgré le fait que la consommation totale de vin aux États-Unis ait décliné durant les dernières années. Des augmentations analogues ont été notées dans les ventes de vin au Canada.

Les médecins étaient conscients depuis des décennies que le taux de mortalité due à la maladie coronarienne en France était inexplicablement faible — surtout compte tenu du régime alimentaire, riche en matières grasses, des Français. Certains attribuaient cette situation à des pratiques médicales négligentes, à cause desquelles les rapports indiquaient souvent «mort subite» comme cause de décès, alors qu'un examen plus soigné aurait permis de diagnostiquer une maladie coronarienne. Nombreux sont ceux qui ont adhéré à cette théorie et qui ont rejeté le paradoxe français comme étant sans fondement. Il faut savoir aussi que, comme bien d'autres domaines de la vie, la médecine n'échappe pas aux modes. La maladie coronarienne a été de plus en plus souvent rapportée comme cause de décès, à partir du début de notre siècle aux États-Unis et dans les années 30 en Grande-Bretagne. Peut-être que les Français, si soucieux des modes, n'avaient tout simplement pas adopté celle-là.

C'est à cette époque de doute que Monica est entrée en jeu. Il ne s'agit pas d'une Florence Nightingale des unités de soins coronariens, mais bien d'une étude d'une durée de 10 ans lancée par l'Organisation mondiale de la santé en vue de mettre fin une fois pour toutes aux querelles entourant les comparaisons des taux de maladie coronarienne entre les pays. En 1978, à Bethesda, au Maryland, au cours d'une conférence sur la maladie coronarienne, un mécontentement général avait été exprimé relativement au peu de fiabilité des taux de mortalité due à la maladie coronarienne tels que publiés par les divers pays. Selon les savants, la rigueur et l'uniformité à l'échelle internationale étaient nécessaires si l'on espérait découvrir un jour les causes véritables des énormes variations de taux entre les pays. Monica répondrait à cette nécessité.

On a choisi 41 villes, la plupart en Europe, pour faire l'étude. À partir de 1985, on conserverait des registres méticuleux de toutes les crises cardiaques mortelles et non mortelles survenant dans ces collectivités. On ferait en sorte que les données et calculs statistiques soient uniformisés, afin qu'une comparaison valable soit possible. Au Canada, on a choisi Halifax; aux États-Unis, Stanford, en Californie; au Royaume-Uni, Glasgow et Belfast; en Australie, Newcastle et Perth; en Nouvelle-Zélande, Auckland; et en France, Lille, Strasbourg et Toulouse.

L'équipe Monica, dirigée par le Dr Hugh Tunstall-Pedoe, de l'université de Dundee, a publié son rapport en 1994. Les disparités entre villes étaient étonnantes. Par exemple, les probabilités qu'une habitante de Glasgow meure d'une crise cardiaque étaient huit fois plus élevées que pour une Espagnole de la Catalogne. Chez les hommes, la Carélie (Finlande) l'emportait sur Glasgow pour ce qui est du pire taux de mortalité coronarienne, tandis que Pékin pouvait se vanter d'avoir le taux le plus bas. (On croit toutefois que la Chine paiera plus tard le prix de la forte augmentation du tabagisme qu'elle a connue ces dernières années.) Quelle différence! Les risques de crise cardiaque étaient douze fois plus élevés pour les habitants de la Carélie finlandaise que pour ceux de Pékin!

Bien entendu, c'étaient les résultats de la France que tout le monde attendait avec le plus d'impatience. Il ne serait pas étonnant que des pays où le régime alimentaire est maigre, comme l'Italie et l'Espagne, obtiennent de bons résultats. Mais les Français! Avec tous leurs pâtés et leurs fromages! Pourtant, les chiffres étaient là, noir sur blanc. Chez les hommes, les taux de crises cardiaques à Lille et à Strasbourg étaient acceptables: respectivement 314 et 336 pour 100 000 habitants. Toulouse, dans le sud-ouest, s'en tirait encore mieux: 240. En Catalogne, le taux était encore plus faible: 187; quant à Frioul, en Italie du Nord: 270. Confirmation des conclusions auxquelles était arrivé St. Leger 15 ans plus tôt, les pays où la consommation de vin était importante semblaient le mieux s'en tirer: l'Espagne, l'Italie et même la Suisse (Vaud/Fribourg: 253). Si le vin était l'un des facteurs majeurs, il semblait assez puissant pour surmonter les excès du style de vie et du régime alimentaire des Français.

Contrairement à ceux du sud ensoleillé, les taux concernant les hommes du nord de l'Europe étaient désolants. Glasgow: 823; Belfast: 781. Les Finlandais se sont malheureusement révélés être ceux qui étaient le plus sujets à une crise cardiaque. Les taux des trois villes finlandaises étudiées étaient de 915, 824 et 593. Les pays du Commonwealth ont eu des résultats à peine meilleurs. Halifax: 605 (cinquième rang pour les hommes, huitième pour les femmes); Auckland: 466; et les deux villes australiennes étudiées, Newcastle et Perth, 561 et 422 respectivement.

Dans tous les pays, les femmes s'en tiraient mieux que les hommes. Pour les étonnantes Toulousaines, le taux de crises cardiaques n'était que de 37 sur 100 000, égal à celui des habitantes de Pékin. À Halifax et à Stanford, les femmes couraient presque quatre fois plus de risques que celles de Toulouse et de Pékin. L'étude Monica était concluante: le paradoxe français était confirmé. Il restait à découvrir les raisons précises qui faisaient que les habitants des pays méditerranéens — plus particulièrement du midi de la France — bénéficiaient de cet immense avantage pour leur santé.

Le Pr Renaud n'avait pas attendu le rapport final. Se fondant sur les données préliminaires de Monica, il avait déjà publié en 1992 un article dans le journal *The Lancet* dans lequel, tout en faisant preuve de prudence, il laissait entendre que les faibles taux de crises cardiaques des Toulousains étaient en grande partie attribuables à la consommation de vin rouge. Une étude de 1991 menée à Caerphilly, au pays de Galles, à laquelle Renaud avait participé en tant que conseiller, avait révélé que les plaquettes — dont le rôle est si important dans la formation de caillots dangereux — avaient beaucoup moins tendance à s'agglutiner si la personne consommait de l'alcool modérément. D'autres études, en Écosse et en France, avaient indiqué que l'alcool semblait plus efficace en France pour réduire l'adhésivité des plaquettes, conclusion qui avait sans doute un rapport avec la consommation de vin dans ce pays.

«La consommation élevée de vin et le faible taux de mortalité [due à la maladie coronarienne] à Toulouse peuvent être vus comme un couple étonnant, écrivait Renaud avec une pointe d'ironie. Néanmoins, cette observation est conforme aux rapports antérieurs [surtout ceux de St. Leger] selon lesquels, dans les pays développés, la relation entre la consommation d'alcool et le taux de mortalité cardiaque est inversement proportionnelle, et où l'on peut lire que l'effet bénéfique potentiel de l'alcool est essentiellement attribuable à la consommation de vin.»

Selon Renaud, il ne semblait y avoir aucune autre explication possible du paradoxe français. Les taux de cholestérol de Toulouse étaient presque identiques à ceux de Belfast, un peu plus faibles que ceux de Glasgow, mais plus élevés que ceux de Stanford, où les risques de crise cardiaque étaient deux fois plus élevés qu'à Toulouse. La pression systolique, bon indicateur de la maladie coronarienne, était à peine plus faible à Toulouse qu'à Glasgow et à Belfast, et un peu plus élevée à Toulouse qu'à Stanford.

Ce n'est que pour le pourcentage de fumeurs de cigarettes que Toulouse jouissait d'un avantage sur Glasgow, ville reconnue pour sa forte consommation de tabac: la moitié des hommes et des femmes qui y habitent fument. (Par comparaison, à Toulouse, 37 p. 100 des hommes et seulement 17 p. 100 des femmes fument.) En fait, le pourcentage de fumeurs chez les hommes de Belfast (34 p. 100) était plus faible qu'à Toulouse, mais pas chez les femmes (33 p. 100). La consommation de tabac ne semblait pas expliquer la disparité des taux de mortalité.

À part la consommation de vin, le seul autre facteur qui semblait relié à la maladie coronarienne était la consommation de matières grasses laitières. Les pays où le beurre et le lait sont rois, comme les États-Unis, le Canada, la Finlande et le Royaume-Uni, présentaient un taux élevé de mortalité due à la maladie coronarienne. Mais la France et la Suisse infirmaient cet argument. Les Français et les Suisses sont friands de fromage; ils en consomment des kilos et, pourtant, leurs taux de maladie coronarienne sont faibles. Renaud a depuis avancé l'hypothèse selon laquelle les matières grasses laitières pourraient être moins néfastes sous forme de fromage. Dans son article de 1992, il émettait l'hypothèse que, en France et en Suisse, «les effets néfastes des graisses saturées sont compensés par la consommation de vin».

Pourquoi le vin était-il plus efficace que, disons, la vodka des Finlandais ou la bière des Écossais? Mises à part les propriétés qui seraient inhérentes au vin, Renaud pensait que, du fait qu'il est surtout consommé durant les repas, il entre en action au meilleur moment possible, c'est-à-dire quand les graisses non saturées du repas exercent les plus fortes contraintes sur l'organisme. De plus, comme il est absorbé lentement, son effet protecteur dure plus longtemps. Selon le Dr Curtis Ellison, cardiologue à Boston, voici ce que seraient les autres éléments du paradoxe français:

· La forte consommation de fruits frais et de légumes, ces derniers étant mangés crus ou à peine cuits.

· Des repas plus détendus et plus longs, et pas d'en-cas entre les repas.

· Une consommation différente des graisses: viandes plus maigres, portions plus petites, matières grasses laitières consommées sous forme de fromage et non de lait, utilisation en cuisine de l'huile d'olive et de la graisse d'oie. L'hypothèse veut que les graisses consommées sous ces formes soient moins néfastes.

Ellison ajoute: «Le vin rouge semble avoir des propriétés protectrices. Les effets possibles du vin rouge sont fascinants, mais toutes les données ne sont pas encore recueillies.»

Le paradoxe français de Renaud et son rapport probable avec le vin ont piqué la curiosité des savants. Ils continuent de s'y attaquer, comme des chiens à un vieil os, le tournant en tous sens pour voir s'ils n'y auraient pas oublié un peu de viande. Prenons par exemple la manchette du *Daily Telegraph* du 13 septembre 1994: «Alimentation: un mythe est détruit. Des savants démentent la théorie des effets protecteurs du vin rouge sur le cœur.»

L'article cite le Pr Tunstall-Pedoe, coordonnateur de l'étude Monica: «Le paradoxe français n'existe pas et les Français ne sont pas un modèle pour le reste du monde.» Selon lui, ce qui explique en partie le faible taux de mortalité cardiaque — et là, il fait renaître le vieux mythe de l'inefficacité des Français —, c'est que les décès résultant d'une crise cardiaque sont souvent enregistrés comme des «morts subites», ce qui donne la fausse impression que le taux de mortalité cardiaque est faible.

Bien entendu, la qualité importante de l'étude Monica, c'est qu'elle a tenu compte des crises cardiaques non mortelles, qu'on ne risque pas de mal diagnostiquer. Et les Français, même si on compensait un peu le facteur des «morts subites», arrivaient quand même à la queue du peloton, malgré le fait qu'ils mangeaient plus de graisses, fumaient plus et faisaient moins d'exercice que la plupart de leurs voisins.

Quand je suis allé le voir à l'hôpital Ninewells de Dundee, Tunstall-Pedoe m'a dit: «Monica a vraiment confirmé la véracité de ces différences dans les taux de mortalité. C'est vrai que la maladie coronarienne est 5 ou 10 fois plus fréquente dans certaines populations que dans d'autres.» Si on modifie un peu les taux français pour tenir compte des diagnostics erronés sur les certificats de décès, il reste que la France se trouve encore au bas des tables, avec d'autres pays méditerranéens, comme l'Espagne et l'Italie. Selon Tunstall-Pedoe, il faudrait plutôt parler d'un paradoxe méditerranéen. Et l'article du *Daily Telegraph*? «Les journaux font du sensationnalisme avec tout», a-t-il répondu, sur la défensive.

Pour rester polis, disons que le Pr Tunstall-Pedoe disait n'importe quoi. Les taux de mortalité cardiaque en France comptent parmi les plus faibles du monde. Et le paradoxe réside dans le fait que, contrairement à ce qui se passe en Espagne, en Italie, voire au Japon — pays où ces taux sont aussi très faibles —, les Français consomment des quantités étonnantes de graisses saturées. Ils ne devraient pas se trouver au bas des tables. Mais ils y sont. Le paradoxe demeure entier. La vraie question qu'il faut se poser est la suivante: dans quelle mesure la consommation d'alcool des Français, plus particulièrement de vin, contribue-t-elle à cette anomalie?

Quand j'ai finalement rencontré Serge Renaud, en décembre 1994, il se sentait fatigué et un peu éprouvé. À cause de sa prise de position sur le paradoxe français, il avait fait parler de lui et il subissait beaucoup de pression. Il avait toujours été raisonnablement prudent dans ses hypothèses sur le vin («ce n'est pas à moi de dire aux gens ce qu'ils doivent boire», répétait-il), mais ses théories avaient néanmoins été attaquées.

Renaud se sentait particulièrement vexé par les remarques de Tunstall-Pedoe: «Je ne sais pas ce qui lui est arrivé pour qu'il dise de pareilles choses.» Les propres données de Tunstall-Pedoe indiquaient que les taux de crises cardiaques non mortelles en France — données irréfutables, puisqu'elles avaient été recueillies en milieu hospitalier — confirmaient que les taux de maladie coronarienne de ce pays sont parmi les plus faibles du monde. Renaud, toutefois, n'avait que des éloges pour St. Leger, qu'il venait de rencontrer pour la première fois: «Son étude m'a servi de base pour la formulation du paradoxe français.»

Selon Renaud, le lien entre la consommation de vin et la maladie coronarienne avait été renforcé par les études les plus récentes. Il estime que le vin offre une protection contre la maladie coronarienne de 30 à 40 p. 100 supérieure à celle conférée par la bière ou les spiritueux: «Dans tous les pays où l'on consomme beaucoup de vin, la population est protégée. C'est indiscutable.» Renaud prédit que les études en cours finiront par établir dans quelle mesure le paradoxe français relève du vin, des habitudes alimentaires et d'autres facteurs.

Renaud déclare que trop de Français abusent encore de l'alcool, ce qui entraîne des taux élevés de décès dus à la cirrhose, au cancer, au suicide et aux accidents de la route. «Un grand nombre de Français boivent encore plus d'un litre de vin par jour; je ne serais pas étonné d'apprendre que certains d'entre eux en boivent même plus de deux litres. Ce qui serait parfait, ce serait de consommer deux ou trois verres par jour. Si chaque Français s'en tenait à cette quantité, il y aurait beaucoup moins d'accidents routiers [attribuables à l'alcool], moins de cancers et une plus longue espérance de vie.»

Le Pr Renaud était alors âgé de 67 ans; il disait avoir hâte de prendre sa retraite, en 1995, dans sa petite maison bordelaise, située près de la mer. Ses yeux se sont rallumés quand je lui ai demandé de me décrire le genre de repas qu'il aime prendre quand il se trouve dans cette région du sud-ouest de la France: «Le repas commence par du foie gras. Du foie gras d'oie, bien frais, à peine cuit. Puis du canard. Quel bonheur, le canard! Et des fruits — rien que des fruits — comme dessert. Et, bien entendu, une bonne bouteille de médoc!»

LE RÉGIME MÉDITERRANÉEN: PAS SEULEMENT DU VIN

Après avoir conclu que le vin rouge offrait une véritable protection contre la maladie coronarienne, le Pr Serge Renaud souhaitait découvrir jusqu'à quel point le régime alimentaire méditerranéen protège lui aussi la vie. Il n'aurait pas pu concevoir épreuve plus rigoureuse. Son équipe a concentré son attention sur 600 patients masculins de l'hôpital de cardiologie de Lyon, qui avaient tous subi une première crise cardiaque. Les patients étaient divisés en deux groupes. On a prescrit à la moitié d'entre eux (le groupe témoin) le régime à faible teneur en matières grasses qui est prescrit aux patients cardiaques du monde entier. Aux autres sujets (le groupe expérimental), on a imposé un régime alimentaire de style méditerranéen, qui comprenait une quantité accrue de pain, de légumes-racines, de légumes verts et de poisson, et moins de viande (la viande rouge étant remplacée par la volaille). Fait intéressant, vu que les patients, originaires du centre de la France, n'étaient pas habitués comme leurs compatriotes du sud à l'utilisation massive d'huile d'olive, l'équipe de recherche a mis au point une margarine à base d'huile de colza canola pour remplacer le beurre et la crème dans le régime du groupe expérimental. Pour la cuisson des aliments et pour la préparation des salades, on utilisait quand même une certaine quantité d'huile d'olive.

Les deux groupes avaient le droit de consommer de petites quantités de fromage et de vin (il aurait été trop cruel de priver quelque Français que ce soit de ces éléments essentiels de la vie, même au nom de la science). Au bout de 27 mois, Renaud et son équipe se sont heurtés à un écueil: «Nous avons dû mettre fin à l'expérience; la poursuivre aurait été contraire à l'éthique médicale», m'a dit Renaud à Toronto. Pourquoi? Un trop grand nombre de sujets appartenant au groupe témoin mouraient comparativement aux sujets du groupe expérimental mis au régime méditerranéen. «On ne pouvait pas continuer et les voir mourir un à un.» Les risques que couraient les sujets du groupe expérimental de subir une seconde crise cardiaque ou de mourir subitement étaient inférieurs de 70 p. 100 à ceux que couraient les sujets du groupe témoin. La réduction était encore plus importante — entre 70 et 80 p. 100 — pour ce qui était des risques de décès toutes causes confondues. Selon Renaud, les résultats auraient pu être meilleurs encore. Même si l'on avait conseillé aux sujets du groupe expérimental de consommer du vin modérément avec leurs repas, un tiers d'entre eux ne le faisaient pas. Sur les 3 victimes de décès d'origine cardiaque dans le groupe expérimental (comparativement à 16 dans le groupe témoin), aucune ne consommait de vin. Le plus étonnant, c'était que des facteurs de risques comme l'hypertension, le taux élevé de cholestérol LDL et l'embonpoint suivaient une courbe décroissante semblable dans les deux groupes (il y avait un peu plus de fumeurs dans le groupe expérimental soumis au régime méditerranéen).

Seule différence majeure entre les deux groupes après un an: les sujets soumis au régime méditerranéen présentaient un taux considérablement plus élevé d'antioxydants (nous en reparlerons plus loin). L'expérience de Renaud démontrait que la relative invulnérabilité à la maladie coronarienne des peuples méditerranéens d'Europe était tout autant attribuable à leur régime alimentaire qu'à la consommation de vin. Le message était clair: pour obtenir une protection maximale, les régimes alimentaires conventionnels à faible teneur en matières grasses ne suffisent pas. En plus d'une consommation régulière et modérée de certains vins, il faut remplacer ses aliments habituels par ceux qui nourrissent les peuples méditerranéens.

C'étaient là des nouvelles qui n'ont nullement étonné les employés du siège social bostonnais de l'un des plus anciens groupes de défense de l'intérêt public, le Oldways Preservation and Exchange Trust. Oldways ne ressemble à aucun autre des groupes voués à la promotion de la santé. Tandis que la plupart de ceux-ci s'intéressent surtout aux maladies — à trouver un remède au cancer, aux maladies du cœur, à la maladie de Parkinson ou à tout autre mal qui nous afflige —, Oldways veut nous garder en bonne santé en essayant de nous empêcher d'attraper ces maladies. Ses fondateurs sont convaincus que bon nombre des réponses aux grandes questions se trouvent dans les régimes alimentaires anciens, par opposition aux régimes actuels où abondent les aliments à calories vides. Oldways fait depuis de nombreuses années la promotion du régime méditerranéen comme solution à beaucoup de nos maladies d'origine alimentaire.

L'idée de lancer Oldways est venue à l'avocat bostonnais K. Dun Gifford après un voyage en Chine, en 1987. Il avait été choqué d'apprendre que, durant la Révolution culturelle, les gardes rouges avaient détruit une bonne partie de l'héritage culinaire de la Chine en brûlant les anciens livres de cuisine et en expulsant ou en éliminant les Chinois devenus les dépositaires modernes des traditions culinaires de leur pays. Gifford a compris que ce que les gardes rouges avaient fait en Chine, les toutes-puissantes multinationales alimentaires le faisaient ailleurs dans le monde en persuadant les populations de renoncer à leur régime alimentaire de «paysans» pour le remplacer par des repas tout préparés et des hamburgers.

Une fois ses enfants élevés, Gifford s'est cherché un nouveau but dans la vie. Il est rentré à Boston avec l'idée de fonder Oldways: «Je voulais en fait constituer des espèces d'archives; j'enverrais des gens parcourir le monde pour prendre note de renseignements alimentaires avant qu'ils soient perdus à jamais.» Oldways est né au moment opportun: beaucoup d'Occidentaux cherchaient des solutions de remplacement aux aliments chimiques et artificiels que leur imposaient les multinationales alimentaires. Loin d'être un joueur de second plan, Oldways s'est fait entendre d'une voix forte dans le débat international sur l'alimentation.

Le régime méditerranéen constituait un bon point de départ (même si Oldways a aussi commencé à faire la promotion du régime nord-africain et qu'il commencera bientôt à faire celle des régimes asiatiques). Ce n'était pas un saut dans l'inconnu, puisque la plupart d'entre nous connaissaient déjà un peu les cuisines italienne, grecque et méridionale française. La conférence sur le régime méditerranéen organisée à San Francisco, en 1994, a eu un remarquable effet d'entraînement. Des restaurants appliquant les principes du régime méditerranéen sont apparus un peu partout, des revues ont publié des articles sur le sujet et les chroniqueurs gastronomiques des journaux canadiens, américains et européens ont bientôt conseillé à leurs lecteurs de profiter des bienfaits pour le cœur offerts par le régime méditerranéen. Le gouvernement italien, inquiet des percées réalisées sur son territoire par les grandes chaînes américaines de restauration minute, a même demandé à Oldways d'organiser une conférence sur les vertus des aliments italiens traditionnels en Italie même.

Les bienfaits pour la santé du régime méditerranéen étaient connus depuis longtemps. Des études avaient révélé dès les années 50 que les habitants de la Grèce, plus particulièrement ceux de la Crète, vivaient plus longtemps et avaient des taux de maladie cardiovasculaire et de cancer beaucoup plus faibles que presque n'importe quelle population du monde. L'huile d'olive semblait jouer un rôle important à cet égard. Les Crétois des années 50 tiraient des matières grasses, surtout de l'huile d'olive, un pourcentage énorme de leur énergie, soit 40 p. 100. On sait maintenant que l'huile d'olive augmente le «bon» cholestérol et réduit le «mauvais», en plus de fournir beaucoup de vitamine E, précieuse pour la prévention du durcissement des artères. L'argument en faveur de l'huile d'olive a pris une nouvelle ampleur au début de 1995, quand des chercheurs de l'université Harvard ont rapporté que, dans une étude portant sur 820 Grecques souffrant d'un cancer du sein et sur 1548 autres en bonne santé, celles qui consommaient de l'huile d'olive plus d'une fois par jour voyaient le risque de cancer du sein réduit de 25 p. 100.

Qu'est-ce donc exactement que le régime méditerranéen? Il y a plus d'une réponse. Les habitants de cette région du monde ont inventé mille variantes sur le thème de l'alimentation saine. Mais elles ont des points communs. Selon Gifford, les aliments céréaliers comme le riz ou les pâtes alimentaires devraient occuper le centre de l'assiette, la viande et le poisson étant relégués sur le côté, un peu comme une sauce ou un assaisonnement. L'ail est important, comme l'huile d'olive, soit pour la cuisson, soit pour les salades, ou encore pour remplacer le beurre ou la margarine sur le pain. Le poisson, aliment glorieux — l'anchois, le maquereau, le hareng et les sardines riches en huiles, de même que les espèces plus grosses à saveur moins prononcée —, occupe une place d'honneur. La grande friture est exclue; on grille le poisson au four, avec un filet d'huile. Le four à micro-ondes se révèle utile pour cuire les légumes *al dente,* sans rien perdre de leurs qualités.

Pyramide alimentaire du régime méditerranéen

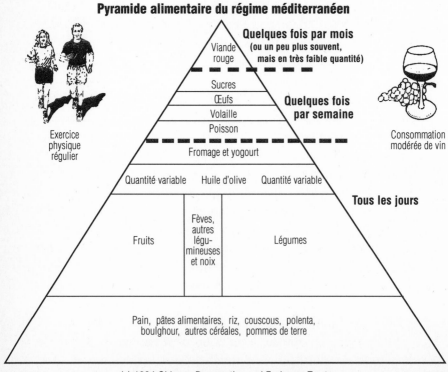

De plus, selon Gifford, il n'est pas nécessaire de se priver des fromages à cause de leur forte teneur en matières grasses; il suffit d'en utiliser de très petites quantités pour rehausser la saveur des mets. Et, de Madrid à Athènes, quand on parle d'achats ou de repas, «fraîcheur» est le mot qui revient constamment. Il faut acheter le poisson le plus frais, les légumes les plus frais, les fruits les plus frais. Les tests réalisés sur des habitants de Toulouse ont révélé un taux de vitamine C exceptionnellement élevé, autre facteur qui élève le taux de «bon» cholestérol. Par contraste, les habitants d'Irlande du Nord présentaient un taux si faible — sans doute dû à l'absence de fruits et de légumes dans le régime alimentaire — que certains risquaient de contracter le scorbut. Une ménagère irlandaise aurait dit à l'un des chercheurs: «J'ai composé une magnifique salade pour mon mari. Joe, est-ce que c'était l'an passé ou il y a deux ans?»

Ce n'est pas seulement la nature de ce que vous consommez qui compte, mais la façon dont vous le consommez. Les Méditerranéens, par exemple, ne mangent généralement pas entre les repas. Et quels repas! Le repas de midi, bien entendu, est celui qui compte le plus: une ou deux heures passées sans hâte à consommer plusieurs plats. Certaines études laissent même supposer que l'inévitable sieste qui le suit contribue à l'effet global de protection qui réduit le taux de maladie coronarienne.

Comment le régime méditerranéen se distingue-t-il des régimes officiels recommandés par la plupart des gouvernements? Il est instructif de comparer les deux pyramides alimentaires que le Dr Klatsky a affichées sur le mur de son bureau de Californie, pour aider ses patients à recouvrer la santé et la force en se nourrissant mieux. La première, recommandée par le ministère de l'Agriculture des États-Unis, «s'adresse aux gens qui aiment tout simplement se faire dire qu'ils ne doivent pas manger ceci ou cela», dit Klatsky. La seconde pyramide, celle du régime méditerranéen publiée par Oldways, adopte une autre approche.

La première chose que l'on remarque, c'est que la viande rouge a été reléguée tout en haut de la pointe de la pyramide Oldways. On conseille aux gens de n'en consommer que quelques fois par mois, ou plus souvent mais en quantités minimes. Dans la pyramide du ministère, à cause des fortes pressions exercées par les lobbies du bœuf et des produits laitiers, toute la controverse de la viande est éludée. On y a fourré ensemble la viande, le poisson, les fèves, les œufs, les noix et les produits laitiers, et on conseille aux Américains d'en consommer deux ou trois portions par jour.

Qu'est-ce que cela peut bien vouloir dire? Deux portions de noix d'acajou et une salade de pois chiches par jour? Bien entendu, pour beaucoup d'Américains, c'est là une invitation à continuer de consommer des hamburgers, des steaks, des hot-dogs, des œufs, du fromage, du lait et tous les autres aliments traditionnels, tout en laissant de côté le poisson et les légumineuses, généralement considérés avec dédain. Tandis que les nutritionnistes du gouvernement réduisent avec raison l'importance des graisses et des huiles, l'huile d'olive occupe dans la pyramide Oldways une place de choix et on y approuve la consommation de quelques portions par semaine de fromage et de yogourt.

Au bas de la pyramide, Oldways et le ministère s'entendent pour recommander la consommation de nombreuses portions de fruits et de légumes frais. Il y a aussi une similitude entre la recommandation du ministère de consommer beaucoup de pain, de céréales, de riz et de pâtes, et celle d'Oldways: pain, pâtes, couscous (mets nord-africain de semoule roulée en grains, souvent servi avec de la viande en sauce), polenta, boulghour (produit alimentaire du Moyen-Orient résultant du triple traitement du blé: précuisson, décorticage partiel et concassage grossier), autres céréales et pommes de terre.

En 1994, le comité mis sur pied par le gouvernement britannique pour étudier les répercussions sur la santé de la politique alimentaire (le COMA) recommandait lui aussi un régime privilégiant les fruits, les légumes, le pain, les pommes de terre et le poisson cuit à la vapeur; le COMA recommandait aux Britanniques de réduire leur forte consommation de viande et de modérer leur traditionnel penchant pour les gâteaux et les sucreries. Mais le COMA n'a fait aucune mention de l'huile d'olive et du couscous. Cela ne devrait peut-être pas nous étonner. Le régime méditerranéen est fondamentalement de nature végétale. Ce n'est pas un régime végétarien, mais peu s'en faut. Les Britanniques — comme les Canadiens et les Américains —, en majorité, ne sont pas encore enclins à renoncer à leur prédilection pour la viande et les pommes de terre. Et même si, aujourd'hui, dans les restaurants à la mode, le garçon verse un peu d'huile d'olive dans votre assiette pour que vous y trempiez votre pain au lieu de le tartiner de beurre, l'huile d'olive n'est pas populaire chez le consommateur moyen.

Nombreux sont ceux qui ne remarqueraient même pas l'élément le plus controversé de la pyramide Oldways. À côté de la pyramide se trouvent une grappe de raisins et un verre de vin, avec la recommandation facultative de consommer un ou deux verres de vin par jour. C'est une recommandation controversée parce que la pyramide a été conçue pour Oldways par des nutritionnistes de l'école de santé publique de Harvard et que le bureau régional européen de l'Organisation mondiale de la santé, asservie aux mouvements de tempérance, surtout scandinaves, a toujours nié catégoriquement les bienfaits possibles pour la santé d'une consommation modérée d'alcool. Les verres placés près de la pyramide sont en fait le résultat d'une immense concession.

«Les gens de l'OMS, raconte Greg Dresher, cofondateur d'Oldways, ont dit qu'il serait intellectuellement malhonnête de ne pas placer un verre de vin près de la pyramide. Les avantages du vin consommé avec les repas sont reconnus par la communauté des spécialistes en santé publique.» Cela n'a quand même pas empêché toutes sortes de ligues de tempérance et de groupes quasi gouvernementaux de lutte contre les toxicomanies de protester contre la concession de l'OMS.

L'huile d'olive aussi a ses critiques. Le Dr Klatsky est préoccupé par le fait que, utilisées généreusement, les graisses représentent 35 p. 100 de l'apport énergétique total du régime méditerranéen, comparativement à 25 p. 100 dans la pyramide alimentaire proposée par le ministère de l'Agriculture. Selon lui, la consommation d'huile d'olive n'est pas la meilleure solution dans le cas des personnes obèses. Comme d'autres médecins, il craint que les populations américaine, canadienne, britannique et autres prennent goût à l'huile d'olive et la consomment en plus de leur ration habituelle de beurre et d'autres graisses saturées. Les effets d'un tel cumul seraient malheureux.

Klatsky ajoute que beaucoup n'aiment pas le goût de l'huile d'olive. La solution, ce pourrait être l'huile de colza canola, une huile végétale fréquemment utilisée dans la margarine (et à laquelle recourt Serge Renaud dans son étude en milieu hospitalier), qui gagne la faveur de plus en plus de nutritionnistes.

Le régime méditerranéen est-il adapté à notre société marquée par la précipitation et la vitesse? Même dans les pays méditerranéens, le régime traditionnel devient moins courant à mesure que la population adopte le 9 à 5 et que de plus en plus de femmes, contraintes de jongler avec leurs responsabilités professionnelles et familiales, n'ont plus le temps de préparer ces merveilleux repas. «À quoi cela sert-il, ai-je demandé à Dun Gifford, que les habitants de Boston, de Montréal ou de Bristol sachent qu'il y a une quarantaine d'années, les Crétois avaient un régime alimentaire extraordinaire?»

«Il suffit de prendre la cigarette comme exemple, a-t-il répondu. Il y a une vingtaine d'années, le problème du tabagisme semblait insoluble. Aujourd'hui, à part chez les adolescentes, le tabagisme est en déclin dans la plupart des pays développés. Ce qui est ironique, toutefois, c'est que l'ennemi est resté le même: les fabricants de cigarettes, inquiets de voir leurs marchés rétrécir, se sont engagés dans la production industrielle d'aliments.»

Gifford m'a fait remarquer que les restaurants modifient leurs menus. Les restaurants californiens sont à l'avant-garde pour ce qui est du régime méditerranéen. À San Francisco, le restaurant *Square One,* de Joyce Goldstein, se vante de ne servir que les fruits et les légumes les plus frais, et des couscous que vous vous attendriez à consommer près de la Méditerranée et non près du Pacifique. Des restaurants de votre ville font sans doute de même. Les supermarchés aussi s'adaptent. Après tout, il leur est aussi facile de faire des profits en vendant des aliments sains — fruits, salades, légumineuses préparées — qu'en vendant des hot-dogs et des gâteaux à la crème.

ADOPTER DES HABITUDES MÉDITERRANÉENNES

En Amérique du Nord, on commence lentement à apprendre les façons méditerranéennes de manger et surtout de boire. Trop lentement, selon certains. Quelques statistiques sont éloquentes.

Aux États-Unis, la consommation de vin a plus que doublé entre 1950 et 1990 — de 3, 4 à 7, 8 litres par habitant. L'augmentation a été encore plus importante au Canada; durant cette période, la consommation a quintuplé pour atteindre 9 litres en 1990. Mais, comme le montre le tableau ci-dessous, on consomme beaucoup moins de vin en Amérique du Nord qu'ailleurs dans le monde.

Consommation de vin par habitant (litres/an)

Pays	1992		1991		1990		1989		1988	
France	64,50	1	67,00	1	72,70	1	73,60	1	74,00	1
Luxembourg	59,70	2	60,30	3	58,20	3	61,40	3	58,30	3
Portugal	55,00	3	62,00	2	50,00	5	53,00	5	54,00	5
Italie	—		60,28	4	61,45	2	71,56	2	72,10	2
Argentine	51,63	4	55,01	5	52,10	4	55,89	4	55,89	4
Suisse	44,47	5	47,20	6	47,41	6	47,74	6	48,17	6
Espagne	39,10	6	39,77	8	41,97	7	41,97	7	45,85	7
Slovénie	39,00	7	40,00	7	—		—		—	
Autriche	33,10	8	33,70	9	35,00	8	35,00	9	33,90	10
Grèce	31,50	9	32,40	10	—		—		—	
Hongrie	30,00	10	30,00	11	—		—		—	
Chili	29,50	11	29,50	12	29,50	9	39,50	8	35,00	9
Danemark	25,56	12	23,60	15	—		—		—	
Uruguay	25,40	13	25,40	14	—		—		—	
Allemagne	22,80	14	26,10	13	—		—		—	
Roumanie	21,30	15	19,30	16	26,00	10	17,00	10	42,80	8

Source: *Bulletin de l'O.I.V.,* 1993, p. 753-754

Nous sommes devenus plus civilisés dans notre façon de boire. Malheureusement, l'Amérique du Nord de jadis avait opté pour le style de consommation du nord de l'Europe, où on ingurgite de grandes quantités d'alcool dans le seul but de s'enivrer. J'ai pu constater l'hypocrisie flagrante de l'Amérique du Nord au sujet de l'alcool quand, jeune immigrant, je suis arrivé à Winnipeg en 1958. L'ouest du Canada, comme la plus grande partie des États américains du Midwest et du Sud, se trouvait encore sous l'emprise des prohibitionnistes. Les bars venaient à peine de faire leur apparition à Toronto la Dévergondée, mais ailleurs à l'ouest, les seuls endroits où l'on pouvait consommer de l'alcool, c'étaient de déprimantes tavernes en grande partie réservées aux hommes. À Winnipeg, on m'a vite initié à la coutume primitive qui consiste, lorsque l'on se rend à une fête, à acheter une bouteille de rhum, à se la passer d'une personne à l'autre dans la voiture et à la vider le plus rapidement possible avant que la police ne vous arrête (quand vous achetiez une bouteille, la loi stipulait que vous deviez vous rendre directement à la maison, sans l'ouvrir).

Cette sombre époque est heureusement révolue. Dans la plupart des régions nord-américaines, un certain raffinement européen s'est répandu, et la tendance à privilégier le vin n'y est pas étrangère. Malheureusement, la consommation de vin — comme celle de la bière et des spiritueux — est en déclin. Au Canada, elle a atteint un sommet à 10,31 litres en 1987, mais elle est en constante diminution depuis. La même tendance apparaît aux États-Unis, sauf que la consommation de vin y a atteint un sommet en 1986 et que son déclin est depuis plus rapide qu'au Canada. (En fait, la consommation d'alcool aux États-Unis connaît sa plus longue période de déclin depuis la prohibition des années 20.)

En 1993, dernière année pour laquelle on possède des statistiques, la consommation de vin a diminué de 6,7 p. 100 aux États-Unis, tandis qu'au Canada la diminution a été de 3,6 p. 100 en 1994. Mon intention n'est pas de plaindre l'industrie du vin, mais d'exprimer mon regret de voir une si belle occasion se perdre. Durant toutes les années où la consommation de vin a régulièrement augmenté, les Américains et les Canadiens commençaient à apprendre que le vin pouvait se consommer d'une autre façon que les traditionnels spiritueux et bières. On pouvait en boire en mangeant; c'était une boisson plus propice aux échanges sociaux; et il était moins probable que les effets de sa consommation soient désagréables. En outre, les Nord-Américains se montraient de plus en plus raffinés dans leurs goûts, à mesure que leur connaissance du vin s'élargissait. Nous savons maintenant que ces buveurs de vin rendaient aussi un grand service à leur cœur.

Qu'est-ce qui a cloché? Pourquoi la consommation de vin a-t-elle décliné? Pour de bonnes raisons. Par exemple, la conduite avec facultés affaiblies est devenue de moins en moins acceptable en Amérique du Nord; nous avons donc réduit notre consommation de toutes les boissons alcoolisées. Mais pour de mauvaises raisons aussi: à une époque où l'on se préoccupe tant de sa santé, nombreux sont ceux qui, à tort, ont cru que les boissons alcoolisées font engraisser et qu'elles sont globalement mauvaises pour la santé. Pourtant, l'alcool consommé avec modération ne fait pas engraisser et, comme nous l'avons vu, est l'un des meilleurs moyens de se protéger contre la maladie coronarienne et d'autres affections.

Il y a également eu des campagnes de peur délibérément destinées à convaincre les gens que même une faible consommation risquait de provoquer le cancer ou des malformations congénitales. Une autre raison qui explique ce déclin, comme l'industrie canadienne des boissons alcoolisées est la première à le déplorer, c'est l'extraordinaire augmentation des taxes sur l'alcool. Cette augmentation n'a généralement pas soulevé d'opposition, la croyance selon laquelle la consommation d'alcool tient du péché étant largement répandue.

L'expérience nord-américaine contraste avec ce qui s'est passé en Grande-Bretagne, l'un des rares pays où la consommation de vin continue d'être en hausse. Ce qui est amusant, c'est que, au moment même où la consommation de vin connaît une baisse importante en France (les Français demeurent toutefois les plus grands buveurs de vin au monde), les Anglais se sont épris du vin... comme de vrais Français. Les Anglais sont en train de devenir les buveurs les plus raffinés du monde (et peut-être les plus sains) et ils fournissent aux Nord-Américains un bon exemple à suivre. Fini le temps où l'alcool ne se consommait qu'au pub du coin. De plus en plus d'Anglais achètent leur vin, généralement au supermarché, pour le consommer à la maison. Résultat: moins de picoleurs prennent le volant et l'alcool est consommé d'une façon plus saine, avec les repas.

La tendance à privilégier le vin touche toutes les classes sociales. Il n'est plus réservé aux dîners romantiques dans les grands restaurants. Il est devenu normal pour les Anglais de commander un sauternes ou un riesling quand ils se rendent au petit restaurant indien de leur quartier.

Un autre changement marque les habitudes de consommation en Amérique du Nord et en Grande-Bretagne. Le vin y avait toujours été considéré comme une «boisson de femme», tandis que la bière était une «boisson d'homme». Des enquêtes révèlent que de plus en plus d'hommes adoptent le vin et, selon une enquête britannique, les hommes sont deux fois plus nombreux que les femmes à préférer le rouge au blanc. Les grands perdants, des deux côtés de l'Atlantique, ont été les vins fortifiés — sherry et porto —, victimes de la guerre aux calories.

Au Canada et aux États-Unis, les nouvelles ne sont pas toutes mauvaises pour les producteurs de vin. Si la consommation a décliné ces dernières années, les Nord-Américains choisissent de meilleurs vins et acceptent de les payer plus cher. Les dégustations de vin dans les vignobles de la péninsule du Niagara, de la Californie et d'ailleurs, devenues des attractions touristiques majeures, font connaître aux acheteurs potentiels toute une nouvelle génération de vins locaux supérieurs.

Les routes des vins font fureur en France aussi, mais elles n'ont pas réussi à y stopper le déclin historique de la consommation de vin des Français. En 1990, la consommation de vin par habitant n'était plus que la moitié de ce qu'elle avait été en 1955. Bien entendu, trop de Français buvaient avec excès et en payaient le prix. La diminution de la consommation excessive réjouit tout le monde. Mais il est désolant de constater que les jeunes Français délaissent le vin, comme ils délaissent le régime traditionnel de leurs aînés en faveur du régime de style nord-américain (burger et frites). Même si les taux de crises cardiaques en France comptent encore parmi les plus faibles du monde, cela finira sans doute par changer, à mesure que s'installeront les nouveaux régimes alimentaires et les nouvelles habitudes de consommation d'alcool.

Le plus grand malheur est déjà en train de se produire aux États-Unis: de plus en plus d'Américains d'un certain âge s'abstiennent de boire au moment même de leur vie où une consommation modérée d'alcool leur serait le plus bénéfique. Au Royaume-Uni, 93 p. 100 des hommes et 88 p. 100 des femmes boivent, tandis qu'aux États-Unis, les chiffres correspondants sont de 64 p. 100 et de 51 p. 100. Le Canada se situe entre les deux: 82 p. 100 des hommes et 73 p. 100 des femmes se disent buveurs occasionnels.

En Australie, la consommation d'alcool est analogue. À une enquête de la Fondation du cœur, 87 p. 100 des Australiens et 75 p. 100 des Australiennes ont répondu qu'ils buvaient, la majorité déclarant deux verres par jour ou moins. Oubliez toutes ces publicités de bière dans lesquelles de robustes Australiens vident à longs traits leur Foster. La consommation de bière (et de spiritueux) a considérablement diminué depuis 1975. Pendant un certain temps, la consommation de vin a compensé la baisse de celle de la bière; mais, ces dernières années, tandis que le reste du monde découvrait les grands vins d'Australie, les Australiens leur tournaient le dos. Là aussi, les campagnes contre la conduite avec facultés affaiblies ont joué un rôle majeur dans ce déclin; comme beaucoup d'Américains, de plus en plus d'Australiens deviennent abstinents, probablement parce qu'ils croient ainsi améliorer leur santé.

Compte tenu des récentes découvertes sur les propriétés bénéfiques du vin, cette diminution de la consommation en Australie, au Canada et aux États-Unis est plus que désolante: c'est une tragédie. Heureusement, la situation pourrait être facilement corrigée. À mesure que les gens deviendront plus conscients de la protection offerte par le vin (et, dans une moindre mesure, par les autres boissons alcoolisées) contre la maladie coronarienne, on en verra augmenter la consommation.

Cela ne signifie pas un retour aux vieilles et mauvaises habitudes des buveurs nord-américains, qui rôdaient en se cachant comme des criminels, en tenant une bouteille enveloppée dans un sac de papier, ou qui allaient se réfugier dans de sombres tavernes. Cette fois, je prédis que le vin sera offert dans toutes sortes de restaurants et de cantines. Le vin deviendra un élément ordinaire du souper pour de plus en plus de Canadiens et d'Américains. Et si les amateurs discutent aujourd'hui de robe et de bouquet, demain un nouveau mot entrera dans leur vocabulaire: antioxydant.

CHAPITRE 4

DÉCOUVRIR
LES SECRETS DU VIN

LE POUVOIR ÉTONNANT DES ANTIOXYDANTS

Qu'y a-t-il de si spécial dans le vin? Qu'est-ce qui fait que le vin pourrait offrir une plus grande protection que les autres boissons alcoolisées contre la maladie coronarienne et peut-être contre d'autres maladies? Pour trouver une réponse à ces questions, je me suis rendu au Leamington Spa, dans le centre de l'Angleterre, où, par un matin froid, j'ai trouvé le Pr Tom Whitehead dans son jardin, prêt à semer ses petits pois.

«Le jardinage est l'un de mes passe-temps», m'a-t-il dit en m'accompagnant jusqu'à sa maison. Whitehead est un homme corpulent de 72 ans, ancien doyen de la faculté de médecine et professeur émérite de chimie clinique à l'université de Birmingham. Aujourd'hui, il passe beaucoup de temps à Londres, au BUPA, laboratoires de l'industrie de l'assurance où, comme une poignée d'autres savants ailleurs dans le monde, il recourt à des volontaires humains pour vérifier les bienfaits potentiels du vin pour la santé. C'est la découverte du paradoxe français par Serge Renaud qui a suscité son intérêt pour le vin. (Lui-même se dit surtout buveur de bière blonde.)

Au cours des dernières années, les savants sont arrivés à la conclusion suivante: la plupart des maladies humaines, dont le cancer, et le processus du vieillissement sont causés ou favorisés par un groupe de substances chimiques appelées «radicaux libres». Ces méchantes particules rôdent dans l'organisme où elles attaquent la membrane des cellules saines par un procédé appelé «oxydation». S'il s'agissait d'une pièce de théâtre, ces radicaux libres seraient les traîtres et les «antioxydants», les redresseurs de torts qui les attaquent et les détruisent.

Les revues médicales les plus respectées ont abondamment parlé des recherches fascinantes menées récemment sur le rôle des radicaux libres dans toutes sortes de maladies. Selon Whitehead, la maladie pour laquelle on s'entend le mieux sur l'effet diabolique des radicaux libres, c'est l'athérosclérose, c'est-à-dire le durcissement des artères.

Que sont exactement les radicaux libres? Pour éviter les explications trop scientifiques, disons simplement qu'il s'agit d'atomes défectueux qui circulent dans l'organisme, chacun comportant un électron libre. Ils sont très instables; durant leur brève vie, chacun se cherche une molécule à laquelle il pourrait unir son électron libre. Quand l'atome se trouve un partenaire, il redevient complet, mais il a transmis un défaut qui continuera de se transmettre dans une réaction en chaîne néfaste.

Ne vous méprenez pas: au bon endroit et au bon moment, les radicaux libres protègent la vie. Ce sont des charognards naturels, selon Whitehead, qui existent dans notre organisme et dans l'environnement. Ces atomes défectueux, par exemple, aident à briser les traînées de pétrole polluant la mer après un déversement, ainsi qu'à détruire le pétrole qui, à certains endroits, surgit du fond de la mer. Certains radicaux libres nous protègent aussi en détruisant les bactéries qui se trouvent dans le sang. «En médecine, dit Whitehead, nous avons maintenant découvert, un peu tardivement, que nous sommes nous aussi attaqués par ces radicaux libres, que nous sommes agressés par ces substances.»

Le processus d'oxydation est un élément de notre vie quotidienne, qu'il s'agisse de la corrosion d'un clou exposé à l'air ou de l'énergie que nous tirons de notre petit déjeuner quand nous courons pour attraper l'autobus. En termes simples, l'oxydation est la combinaison de l'oxygène avec d'autres substances chimiques, libérant de l'énergie et formant de nouveaux composés. Voilà qui semble plutôt anodin. Mais s'il y a trop de radicaux libres dans notre organisme — trop d'atomes à la recherche d'électrons —, attention!

Les radicaux libres peuvent être relâchés dans le sang de multiples façons, la radiation étant la plus classique. L'exposition à une matière radioactive, à trop de rayons X, par exemple, libère des quantités énormes de radicaux libres, qui provoquent rapidement la maladie des radiations et les autres horreurs inhérentes à l'ère atomique. L'exposition à des substances toxiques libère aussi des radicaux libres, ce qui explique l'effet nuisible de la cigarette sur l'organisme.

Le corps possède ses propres défenses contre les ravages causés par les radicaux libres; ce sont trois enzymes qui réduisent ces substances dangereuses en eau inoffensive. Mais si les radicaux libres sont produits en une quantité telle qu'ils submergent les défenses de l'organisme, les enzymes n'arrivent plus à les combattre. Les antioxydants sont alors le seul remède.

Que sont les antioxydants? Ils prennent plusieurs formes, la plus connue étant les comprimés: vitamine C, vitamine E et bêta-carotène (agent qui donne aux carottes leur couleur orange). Bien entendu, nous trouvons tous ces antioxydants dans notre alimentation, surtout si nous consommons beaucoup de fruits et de légumes frais. Il existe des centaines d'autres antioxydants utilisés à des fins industrielles ou dans la préparation de certains aliments, comme la margarine, dont ils préviennent l'oxydation et le rancissement.

On sait aujourd'hui que la vitamine C, dont les vertus ont été découvertes quand on l'a utilisée (sous forme d'oranges et de citrons) pour guérir le scorbut chez les marins, est un antioxydant puissant. C'est peut-être pour cela que Linus Pauling, Prix Nobel de chimie, n'avait sans doute pas tort quand, en 1970, il a publié un livre dans lequel il préconisait la consommation régulière de doses massives de vitamine C pour combattre le rhume. Une inflammation — comme le rhume — déclenche la production de radicaux libres pour protéger l'organisme. Mais si le robinet n'est pas refermé, le corps en produit une quantité excessive qui nuit à la santé. La vitamine C vient alors à la rescousse en détruisant les petits monstres. (Ce n'est peut-être pas par hasard que, à sa mort en 1994, Pauling avait atteint l'âge vénérable de 93 ans.)

On croit que les radicaux libres accélèrent l'ingrat processus du vieillissement en attaquant la membrane des cellules et en provoquant la mutation de l'ADN dans la seconde moitié de la vie. Selon les hypothèses de certains savants, les antioxydants ralentiraient le vieillissement en absorbant et en détruisant les radicaux libres. Que les antioxydants nous sauvent ou non dans la seconde moitié de la vie, nous pouvons être sûrs d'une chose: nous ne deviendrons jamais vieux si nous mourons jeunes. Cet énoncé n'est pas aussi tautologique qu'il le semble; pour vivre vieux, il faut commencer par éviter la mort prématurée durant la quarantaine. De nombreux rapports font l'éloge du potentiel des antioxydants en matière de prévention du cancer et des autres pestes qui nous affligent durant la quarantaine. Mais c'est en ce qui concerne la maladie coronarienne que les répercussions des radicaux libres sont les plus révélatrices et que le potentiel bénéfique des antioxydants est le plus considérable.

Rappelez-vous comment le «mauvais cholestérol», le LDL, pénètre la paroi artérielle pour créer des cellules spumeuses, des stries graisseuses et, finalement, une plaque. À elles seules, les particules LDL sont plutôt bénignes. Ce n'est qu'après une attaque des radicaux libres qu'elles se transforment en cellules dangereuses et agressives, capables de pénétrer et d'endommager la paroi lisse des artères. De plus, les LDL oxydées sont absorbées par les cellules à un rythme 20 fois plus élevé que les LDL normales, ce qui augmente considérablement les risques pour la santé. Non seulement les radicaux libres ouvrent la voie à une crise cardiaque, mais leur présence rend celle-ci beaucoup plus grave. Durant la crise cardiaque, le cœur lutte pour isoler les tissus endommagés ou mourants, et pour trouver des voies de remplacement pour l'irrigation sanguine. Selon le Dr Robert Youngson, auteur de l'ouvrage *The Antioxidant Health Plan*

(Thorsons, 1994), quand cela se produit, une vague de radicaux libres passent à l'attaque. Neuf ou douze heures plus tard se produit une autre libération massive de radicaux libres, ce qui laisse supposer que les dommages les plus graves, pour ce qui est de l'affaiblissement du muscle cardiaque, ont lieu en fait durant la phase de récupération. Le ministère britannique de l'Agriculture, des Pêches et de l'Alimentation a été si frappé par le rôle que jouent les radicaux libres dans les décès prématurés, surtout chez les hommes, qu'il a mis sur pied, en 1991, un programme de recherche de trois millions de dollars grâce auquel on étudie encore aujourd'hui les effets des antioxydants telles les vitamines C et E, et la bêta-carotène. Dans le passé, la majeure partie de la recherche sur les antioxydants était consacrée à ces vitamines.

«Ce n'est que tardivement, déclare Whitehead, que nous avons découvert l'existence d'un groupe de substances appelées flavonoïdes. Ces substances présentent tout à coup un intérêt considérable. Elles sont omniprésentes dans nos aliments; on les a décrites pour la première fois dans les années 30.» Le vin rouge contient beaucoup de substances phénoliques (composés aromatiques de l'alcool) parmi lesquelles on retrouve des flavonoïdes — substances chimiques qui donnent au vin sa saveur et son caractère particulier —, dont plusieurs jouent le rôle d'antioxydants. «Le vin rouge, dit Whitehead, est unique dans la diversité des flavonoïdes qu'il contient.» Les recherches sont maintenant orientées en vue de découvrir lesquels des flavonoïdes sont antioxydants.

Aux yeux de Whitehead, trois études ont propulsé les flavonoïdes au premier plan de la recherche. La première est le travail sur le paradoxe français de Renaud, qui a laissé entendre que le vin jouait peut-être un rôle majeur de compensation dans le régime riche en matières grasses des Méridionaux français ainsi que de protection contre la maladie coronarienne.

La seconde étude est celle d'Edwin Frankel et d'une équipe de l'université de la Californie à Davis, qui ont été les premiers à démontrer, en 1993, que les flavonoïdes du vin rouge pouvaient inhiber l'oxydation des LDL dans le sang. Au cours de cette étude, les savants ont extrait les flavonoïdes d'un vin rouge californien produit avec le cépage syrah; ils les ont ensuite mélangés à des échantillons de sang provenant de deux hommes et ont ajouté du cuivre au mélange pour accélérer la réaction des radicaux libres. Dans l'un des échantillons, les flavonoïdes ont réduit de 60 p. 100 l'oxydation des LDL, et dans l'autre, la réduction a été de 98 p. 100! Cela signifiait que les flavonoïdes du vin étaient de 10 à 20 fois plus efficaces que la vitamine E. Les auteurs de cette étude ont avancé que la consommation régulière de vin rouge semblait prometteuse pour réduire l'incidence de la maladie coronarienne. Leurs essais, pensaient-ils, fournissaient une explication plausible du paradoxe français.

Toujours selon Whitehead, la troisième étude qui a propulsé les flavonoïdes à l'avant-plan de la recherche a été menée aux Pays-Bas sur des personnes âgées, et a révélé que le thé, les oignons et les pommes étaient des sources importantes de flavonoïdes. Au cours de cette étude, il est apparu que, chez les hommes âgés qui consommaient de grandes quantités de ces aliments, le risque de maladie coronarienne était considérablement réduit.

Whitehead aurait pu ajouter à sa liste une quatrième étude, qui fournit un indice frappant pour expliquer les différences que nous avons notées plus tôt entre les taux de maladie coronarienne de divers pays. Se servant des chiffres publiés par l'OMS, le Pr J. Fred Gey, de l'université de Berne, a concentré son attention sur les hommes d'âge moyen vivant dans des régions où l'incidence de maladie coronarienne est respectivement faible, moyenne et élevée. Parmi les régions où cette incidence est élevée, on trouve la Carélie finlandaise, Aberdeen et Édimbourg. L'incidence de la maladie coronarienne est moyenne à Belfast et à Tel-Aviv. Elle est faible à Toulouse, en Catalogne, à Thun (Suisse) et à Sapri (Italie méridionale). Gey a comparé les taux de crise cardiaque avec les taux d'antioxydants dans le sang d'hommes âgés de 40 à 49 ans habitant dans les régions sélectionnées. Résultat: les taux élevés d'antioxydants, plus particulièrement de vitamine E, coïncidaient avec les faibles taux de crise cardiaque. Si l'on avait voulu deviner les taux locaux de maladie coronarienne, on aurait pu se servir des taux de vitamine E, qui se révélaient fiables dans 94 p. 100 des cas et qui constituaient un baromètre plus précis que le taux de cholestérol ou la tension artérielle moyenne.

Bien entendu, cela pourrait être dû au régime alimentaire; comme nous l'avons vu, les habitants du sud de l'Europe consomment plus de fruits et de légumes frais que ceux du nord. Mais, encore une fois, les faibles taux de maladies cardiaques correspondaient tout à fait aux régions où l'on boit du vin. Coïncidence? Peu probable.

Dans sa propre recherche, pour établir le lien de causalité, Whitehead — comme d'autres chercheurs ailleurs dans le monde — devait savoir si les flavonoïdes du vin sont vraiment absorbés dans le sang d'êtres humains vivants. Lui et son équipe ont recruté neuf employés du BUPA, quatre hommes et cinq femmes, et leur ont demandé de ne pas consommer de vin pendant une semaine, en vue de l'épreuve. À divers moments, on leur donnait de l'acide ascorbique (vitamine C) dans de l'eau, du vin rouge et du vin blanc (deux bordeaux Château de Juge). Quand les sujets prenaient de la vitamine C ou buvaient du vin rouge, leur taux d'anti-oxydants montait considérablement dans les deux heures suivantes; quand ils buvaient du vin blanc, l'augmentation était négligeable.

Selon Whitehead, la montée des taux d'antioxydants attribuable au vin rouge «laisse supposer que la consommation de vin rouge est un fac-teur du paradoxe français». Si l'effet ne durait que deux ou trois heures, cela ne suffirait pas pour offrir une protection appréciable. Le verre de vin ne fournirait-il pas une protection de 24 heures? «Je dirais que oui, répond Whitehead, si c'est du vin rouge à teneur élevée en flavonoïdes.» (Nous verrons au chapitre 5 pourquoi les vins rouges contiennent plus de flavonoïdes que les autres.) Au début, les antioxydants auraient un effet de saturation, puis leur excédent serait excrété. Mais Whitehead croit que la protection durerait au moins 24 heures.

La différence apparue entre les résultats obtenus avec le vin rouge et avec le vin blanc est facile à expliquer: «C'est la peau du raisin qui con-tient les flavonoïdes, dit Whitehead. Dans la fabrication du vin rouge, la peau est conservée avec le jus; l'alcool en extrait les flavonoïdes, ce qui donne au vin sa saveur caractéristique. Par contre, pour la fabrication du vin blanc, on retire la peau dès le début.»

Dans des études parallèles à celle de Whitehead, le Dr Simon Max-well, assistant au service de médecine de l'hôpital Queen Elizabeth de Birmingham, et ses collègues ont fait prendre à 10 sujets (5 hommes et 5 femmes) un repas léger accompagné de bordeaux rouge un jour et d'eau le lendemain. Le taux d'activité des antioxydants était encore élevé même quatre heures après l'ingestion de vin.

Maxwell m'a dit avoir été frappé par le fait que les habitants de Glas-gow consomment à peu près la même quantité d'alcool que ceux de Tou-louse: «Il ne fait aucun doute dans mon esprit que la consommation modérée d'alcool a un effet de protection [contre la maladie corona-rienne].» Cela aurait dû signifier que les habitants de ces deux villes cou-raient des risques égaux. Pourtant, comme nous l'avons vu, Glasgow est l'une des villes d'Europe où le taux de maladie coronarienne est le plus élevé, tandis que Toulouse est l'une de celles où il est le plus bas. Mis à part le régime alimentaire, la différence semblait être que la bière et les spiritueux étaient les boissons privilégiées à Glasgow, tandis que le vin rouge était la boisson quasi universelle à Toulouse.

Si les vitamines antioxydantes sont abondantes dans les fruits et les légumes frais, pourquoi alors consommer du vin? «Quand nous sommes passés aux mesures, dit Maxwell, nous avons constaté que le vin rouge est le liquide qui contient le plus d'antioxydants. Il est plein de flavonoïdes. Le vin rouge arrive bon premier, loin devant tous les autres.»

En Californie, Bruce German, collègue d'Edwin Frankel, m'a donné une raison de plus expliquant pourquoi les flavonoïdes du vin semblent les plus efficaces: les antioxydants sont très instables en général, mais dans le vin, ils sont préservés. «Non seulement ils sont concentrés, dit-il, mais ils restent intacts.»

Même si vous achetez des fruits et légumes frais, rien ne garantit que vous recevrez tous les antioxydants dont vous avez besoin. Les vitamines se perdent durant le transport et l'entreposage, et la quantité de vitamine C peut même être réduite si vous utilisez un couteau métallique pour découper ou peler un fruit. Bien que les études confirment le fait que les grands consommateurs de fruits et légumes frais présentent des taux faibles de maladie coronarienne, il est étonnant de constater que, contrairement au cas du vin, très peu de recherches ont été entreprises pour déterminer dans quelle mesure l'organisme peut absorber et utiliser les flavonoïdes de ces aliments. On estime que deux verres de vin rouge par jour augmentent de 40 p. 100 la teneur en flavonoïdes du régime alimentaire moyen.

La plupart des épidémiologistes ne sont toutefois pas encore convaincus par les preuves selon lesquelles le vin offrirait une meilleure protection contre la maladie coronarienne que la bière ou les spiritueux. «Cela m'étonne, déclare Whitehead. Je ne suis pas du tout de leur avis.» (J'ai interviewé Whitehead six mois avant la publication de l'étude danoise révélant que le vin rouge offre une plus grande protection que les autres boissons alcoolisées.) Il souligne que les épidémiologistes examinent des populations entières et mettent l'accent sur les causes de décès. «C'est parce qu'ils ne disposent pas de données [détaillées] qu'ils attribuent globalement l'effet protecteur à l'alcool. Si cet effet provenait exclusivement de l'alcool, les Écossais jouiraient des taux de crise cardiaque les plus faibles. Le paradoxe français ne relève pas seulement de l'alcool. Il y a bien plus que cela.» Il ajoute que, dans ses recherches, il examine les modifications biochimiques et que, par conséquent, sa perspective n'est pas celle des épidémiologistes.

Les spécialistes comme Whitehead et Maxwell sont loin de travailler en marge des connaissances médicales. En Grande-Bretagne, ils font maintenant partie du courant principal. Voici ce que l'on pouvait lire dans un rapport récent d'un groupe d'étude du ministère de la Santé britannique sur la relation entre l'alimentation et la maladie cardiovasculaire:

> La consommation moyenne de vin au pays est inversement proportionnelle au taux national de mortalité due à la maladie coronarienne. [. . .] Dans toute une série d'études sur diverses populations, la consommation d'alcool semble toujours être associée à un risque faible de maladie coronarienne. [. . .]
> Certaines boissons alcoolisées contiennent des composants bioactifs autres que l'alcool. Plus particulièrement, le vin rouge contient des polyphénols [flavonoïdes] antioxydants et capables d'inhiber l'oxydation des LDL en éprouvette. La consommation de boissons alcoolisées contenant ces composés pourrait contribuer à réduire le risque de maladie coronarienne chez les buveurs légers.

La Fondation du cœur de Grande-Bretagne est du même avis. Son porte-parole, le Dr Ian Baird, déclarait en 1994: «Un verre de vin rouge augmente considérablement le taux d'antioxydants dans le sang de volontaires en bonne santé. On croit que les antioxydants préviennent le dépôt du cholestérol dans les artères.» Le Dr Baird avait autre chose à ajouter sur le vin quand je l'ai rencontré à l'automne 1994: «Il est socialement admis de boire du vin. Le risque d'accoutumance à la vodka, au gin, au whisky et aux autres spiritueux est beaucoup plus élevé. À ce sujet-là, reportez-vous à Hogarth!» (Dans l'Angleterre du XVIIIe siècle, les peintures de Hogarth illustrent les ravages sociaux causés par les débits de gin ont contribué au revirement national en faveur de la bière, moins dangereuse.)

Les éléments de preuve continuent de s'accumuler. Vers la fin de 1994, une équipe de chercheurs de l'Institut national de santé et de nutrition de Tokyo a rapporté ce qui s'est passé quand on a donné à 10 sujets volontaires, des hommes de 33 à 37 ans, de petites doses quotidiennes de vodka pendant deux semaines et, les deux semaines suivantes, des verres de vin (Château Lagrange). Quand les chercheurs ont prélevé des échantillons de sang, ils ont constaté que la vodka n'avait eu aucun effet de prévention sur l'oxydation des LDL. Une fois que les sujets étaient passés au vin, les antioxydants s'étaient mis à l'œuvre et l'oxydation des LDL avait été considérablement réduite.

«Les résultats que nous avons obtenus sont la preuve directe que la consommation régulière et permanente de vin rouge inhibe l'oxydation des LDL, mais que cela n'est pas le cas de l'éthanol [alcool], concluaient les chercheurs. On croit que la consommation de vin rouge peut réduire l'incidence de l'athérosclérose, ainsi que diminuer la morbidité et la mortalité relatives à la maladie coronarienne.»

J'ai demandé à Whitehead à quel âge on devrait se préoccuper le plus de rechercher la protection des antioxydants contre l'athérosclérose. Selon lui, la trentaine est la période critique pour les hommes: «Ce que l'on ne reconnaît pas suffisamment, c'est que, chez l'homme, le taux de cholestérol commence à monter vers l'âge de 30 ans jusqu'à environ 50 ans. C'est durant cette période que se développe l'athérosclérose et que les dommages se produisent.» Le taux de cholestérol culmine vers 55 ans, âge auquel les risques de crise cardiaque sont maximaux. «De 30 à 55 ans, l'homme doit se soucier des antioxydants et s'efforcer d'avoir un régime alimentaire raisonnable.» Chez la femme, l'athérosclérose commence à se développer à la ménopause: «Il lui serait utile de prendre des précautions à ce moment-là, et sans doute avant.» Les hommes de 30 ans et les femmes ménopausées devraient-ils consommer du vin rouge pour améliorer leur santé? «Je dirais que oui, répond Whitehead, pourvu qu'ils n'exagèrent pas.»

Je l'ai laissé semer ses petits pois. En deux ou trois heures à peine, le Dr Whitehead m'avait fait connaître le nouveau monde des antioxydants. Ce n'était qu'un début.

Le vin rouge contient plus d'une centaine de flavonoïdes, qui ne sont pas tous des antioxydants. Même ceux qui le sont varient largement en efficacité et le monde scientifique est loin de s'entendre sur la nature des flavonoïdes qui protègent le mieux le cœur. Il faut commencer par parler du resveratrol, le flavonoïde du vin rouge auquel la science a accordé le plus d'attention. Je connaissais l'homme le mieux placé pour m'en parler. Je me rendrais donc à l'université Cornell, dans le nord de l'État de New York.

RESVERATROL...
UN PARFUM D'ORIENT

En entrant dans l'immeuble, j'ai tout de suite été frappé par l'odeur âcre des pommes en entreposage. Mon esprit m'a immédiatement ramené à l'entrepôt de pommes de Strawberry Hole, un monastère du Sussex où j'ai vécu une partie de mon enfance. Mais ce n'était certainement pas l'odeur que je m'attendais à sentir en franchissant les portes de l'université Cornell! Il reste que Leroy Creasy, l'homme que j'allais voir, ne correspond en rien non plus à l'image que l'on pourrait se faire d'un professeur de l'une des universités américaines les plus prestigieuses.

Creasy est pomologiste, c'est-à-dire qu'il étudie les fruits comestibles. Avec sa moustache et sa voix profonde, il m'a fait penser à un campagnard. On ne devinerait jamais qu'il a étudié la biochimie à Cambridge. Issu de trois générations d'horticulteurs de Pennsylvanie, il vit dans une ferme, fait son vin avec ses propres raisins et tire une grande fierté du fait qu'il ne sert à table que des produits de sa ferme.

J'avais entendu parler de Creasy pour la première fois par le Pr David Goldberg, biochimiste de l'université de Toronto, qui fait œuvre de pionnier dans la recherche sur les bienfaits potentiels du vin pour la santé. Dans cette discipline, le nom de Creasy est incontournable. On pourrait dire qu'il est le père moderne du resveratrol — l'un des flavonoïdes les plus prometteurs qu'on ait découverts à ce jour dans les vins. Creasy a consacré des années de sa vie aux feuilles de tournesol, aux fraises et aux pommes. Mais sa grande percée scientifique s'est produite au début des années 80, époque où il cherchait dans les vignes des agents naturels de résistance aux maladies, afin que les viticulteurs utilisent moins de produits chimiques dans leurs vignobles.

«Coup de chance pour moi, les laboratoires de la Shell Development Ltd., en Angleterre, venaient d'identifier un agent de résistance aux maladies des plus intéressants, le resveratrol», raconte Creasy. Il n'arrivait pas à comprendre pourquoi on ne l'avait pas repéré plus tôt, puisqu'il est facilement visible en radiation ultraviolette. Les chercheurs britanniques avaient trouvé des quantités «négligeables» de la substance après avoir moulu des raisins entiers.

Creasy a découvert que le resveratrol, un antifongique naturel, ne se trouve que dans la peau des raisins, laquelle ne représente que 3 ou 4 p. 100 du poids total du fruit. Par hasard, le professeur se trouvait en plein pays du resveratrol. En effet, c'est dans les régions fraîches et humides que les maladies fongiques sont le plus susceptibles de frapper les vignes, et la région viticole située à proximité de Cornell (tout comme les régions de Bordeaux et de Bourgogne, en France) tombe exactement dans cette catégorie. S'étant donc mis à la recherche du resveratrol dans la peau des raisins locaux, il en a trouvé en quantités beaucoup plus importantes que ce qu'avaient découvert les Britanniques.

À cette même époque, en Allemagne, on étudiait comment cette substance pouvait agir comme agent de résistance à la maladie. Les viticulteurs choisissaient déjà les vignes en fonction du contenu de resveratrol de leurs feuilles. Ils voulaient des plants qui résistent aux maladies fongiques. Mais Creasy était inquiet. Quelques années plus tôt, une variété de pommes de terre résistant à la maladie avait suscité un enthousiasme analogue. Au moment même où elles allaient être mises en marché, un laboratoire canadien avait découvert qu'elles étaient potentiellement toxiques. On l'avait échappé belle.

Et si le resveratrol était toxique? Après tout, on ne connaissait pas grand-chose de cette substance. Creasy a alors décidé de lancer une recherche informatisée à l'échelle du globe pour rassembler toute la documentation scientifique. Quelle révélation! Le resveratrol n'était en rien nouveau. On le connaissait depuis des siècles en Chine et au Japon, où il servait de base à un médicament traditionnel appelé «kojo-kon». Le plus intéressant, c'était que des laboratoires modernes situés au Japon, en Chine et en Corée se penchaient depuis des décennies sur les médicaments traditionnels pour découvrir s'ils ne pourraient pas avoir des applications modernes. «En d'autres mots, dit Creasy, au lieu de faire manger aux malades les intestins d'un quelconque serpent, peut-être pourraient-ils synthétiser la substance chimique active et la leur présenter sous une forme plus acceptable.»

Dans les années 30, un laboratoire avait identifié la source du resveratrol comme étant la *Veratrum Formosa,* de la famille des liliacées. Dans les années 60, l'Extrême-Orient s'est de nouveau intéressé au resveratrol, et un certain nombre d'expériences ont été effectuées sur des animaux. Creasy a appris avec intérêt que le «kojo-kon» avait été prescrit pour le pied d'athlète, une affection fongique. Plus intéressant encore pour ceux qui étudient l'apparent potentiel de protection qu'offre le vin contre la maladie coronarienne, les anciens l'avaient aussi prescrit contre l'athérosclérose et les maladies inflammatoires. Au lieu d'extraire le resveratrol de la peau des raisins, les «médecins» traditionnels l'obtenaient par la mouture de la renouée japonaise (mauvaise herbe de la famille des poly-gonacées, qui exaspère les jardiniers d'aujourd'hui).

La recherche moderne effectuée en Extrême-Orient a confirmé que ces anciens de la médecine traditionnelle savaient ce qu'ils faisaient. Des essais effectués sur des rongeurs ont révélé que le resveratrol est un antioxydant qui augmente le taux de cholestérol HDL et qui dissout les agents précurseurs des dangereux dépôts graisseux dans les artères. L'un de ces laboratoires a même reçu un brevet pour le resveratrol, mais cela ne semble pas avoir nui aux autres recherches en cours.

La recherche, en grande partie japonaise, a pris fin au milieu des années 80, apparemment sans que les savants se soient rendu compte que le resveratrol était aussi présent dans l'une des boissons les plus consommées du monde: le vin. Mais Creasy avait sa petite idée. Au début des années 80, il avait analysé quelques vins pour y trouver du resveratrol, sans grands résultats. Les vins qu'il avait analysés étaient des vins d'égouttage, c'est-à-dire obtenus à partir du jus qui s'est égoutté des raisins sans qu'on les presse. Il a alors repris ses essais, surtout avec des vins rouges. Son idée était que les vins constituaient une véritable «bibliothèque vivante» pour quiconque voudrait garder un registre des teneurs en resveratrol. L'étiquette de la bouteille indique généralement la région où le vin a été produit, ainsi que le millésime. C'était donc un système de catalogage parfait pour garder la trace des taux de resveratrol d'une année à l'autre, et d'une région à l'autre. Il a donc commencé à tester les vins de Bordeaux, de la Californie et de l'État de New York.

Le rythme des découvertes s'accélérait. À Bordeaux, une équipe dirigée par Martine Segneur a rapporté, en 1991, les résultats d'une expérience au cours de laquelle on avait administré de l'alcool, du vin rouge et du vin blanc à 16 sujets mâles, sur des périodes de 15 jours. L'équipe de Bordeaux a rapporté que le vin rouge avait augmenté le taux de «bon» cholestérol et réduit l'adhésivité des plaquettes. C'était donc un autre indice pour Creasy. Certains chercheurs ont exprimé des réserves au sujet d'une autre étude de Segneur selon laquelle l'alcool augmenterait le taux de «mauvais» cholestérol. D'autres études contredisent cette conclusion.

En 1992, dans un article publié dans une obscure revue spécialisée en viticulture, Creasy et un collègue, E. H. Siemann, ont établi la teneur en resveratrol de 29 vins, la plupart de l'État de New York ou de la Californie, et quelques-uns de France. Par rapport aux épreuves qui sont réalisées aujourd'hui ailleurs dans le monde, leur matériel et leurs méthodes étaient plutôt rudimentaires, et les quantités mesurées étaient minimes. Mais un modèle général commençait à se dessiner.

Les vins blancs contenaient très peu de resveratrol; en général, de 50 à 100 fois moins que les vins rouges. Mais la teneur en resveratrol des vins rouges variait largement, en fonction du cépage, de la région où se trouvaient les vignobles et des méthodes de transformation. Fait significatif, c'était un bordeaux rouge de 1988 qui avait la teneur la plus élevée en resveratrol, tandis que la mesure était presque de zéro pour un cabernet sauvignon californien de 1982 — cépage qui a pourtant une forte teneur en resveratrol quand le climat et les conditions sont idéals. Les auteurs se sont demandé si l'explication ne se trouvait pas dans le fait que, le vin californien étant beaucoup plus vieux que l'autre, le resveratrol aurait pu s'y dissocier et disparaître.

Des comparaisons effectuées entre des chardonnays californiens et des chardonnays new-yorkais ont permis de découvrir que ces derniers contenaient une quantité de resveratrol considérablement plus élevée que les premiers. Il était facile de comprendre pourquoi. Le climat humide de l'État de New York expose la récolte à des risques très élevés de maladies fongiques, tandis que, dans le climat sec et ensoleillé de la Californie, les vignes ont moins besoin d'un agent antifongique pour lutter contre la maladie.

Il s'agissait là de bien plus qu'une simple découverte scientifique: c'était une déclaration de guerre. En 1993, la Californie produisait plus d'un milliard de litres de vin, d'une valeur de plus de sept milliards de dollars, représentant 90 p. 100 de toute la production vinicole américaine. Les grands viticulteurs californiens ne voulaient rien savoir d'un «professeur de pommes» qui, dans le nord de l'État de New York, prétendait avoir découvert dans le vin de nouveaux bienfaits pour la santé — et que leur vin, en majeure partie blanc, en était presque entièrement dépourvu. Creasy recourt à une litote pour l'exprimer: «Les producteurs californiens sont un peu moins enthousiastes que les producteurs européens en ce qui concerne le resveratrol.»

En France et en Italie, les chercheurs en pomologie exploraient déjà les possibilités du resveratrol. Les découvertes de Creasy seraient sans doute passées inaperçues à l'extérieur du monde viticole si elles n'avaient pas été entraînées par le raz de marée du paradoxe français. Quand l'émission *60 Minutes* a été diffusée, les découvertes de Creasy sur le resveratrol avaient déjà été ébruitées (elles ne furent publiées qu'un mois plus tard). Il était sollicité de toutes parts pour des interviews et les médias européens accordaient beaucoup d'attention à ses découvertes.

Il n'est pas difficile de comprendre pourquoi. Jusque-là, presque toutes les découvertes favorables à la consommation d'alcool et de vin étaient fondées sur des études de populations et demeuraient plutôt vagues. Apparaissait enfin quelqu'un qui pouvait désigner avec exactitude une substance contenue dans le vin et, en se basant sur les expériences japonaises, en décrire avec précision l'effet de prévention de la maladie coronarienne. Creasy s'est mis à recevoir des appels téléphoniques de gens de tous les coins des États-Unis, qui lui demandaient s'ils devaient boire du vin rouge pour l'amour de leur cœur.

«Il y avait des gens qui m'appelaient et qui n'avaient jamais pris un verre de vin de leur vie», m'a-t-il dit, étonné. Invariablement, il leur conseillait de ne pas boire de vin comme on prendrait un médicament, de n'en boire que s'ils y prenaient plaisir. Aucune inquiétude à avoir s'ils le buvaient avec leurs repas, modérément. Et s'ils voulaient être certains d'obtenir leur ration de ces importants dérivés phénoliques, il fallait changer de vin rouge tous les jours.

Maintenant qu'il a rencontré d'innombrables Américains qui ne boivent pas de vin, les récriminations de l'industrie vinicole impatientent Creasy. Il se fiche pas mal que les viticulteurs californiens soient dépités de savoir que leur vin contient peu de resveratrol. Selon lui, ils devraient plutôt se soucier du fait que peu d'habitants des pays du nord — plus particulièrement des États-Unis — consomment du vin. «À mon avis, dit-il, si on pouvait convaincre 5 p. 100 des Américains de boire du vin rouge avec leurs repas, peut-être que 1 p. 100 d'entre eux commenceraient à prendre un verre de blanc comme apéritif. Ainsi, toute l'industrie du vin en profiterait.»

Depuis que Creasy et Siemann ont publié leur article, la controverse fait rage: est-ce le resveratrol ou un autre de la centaine des dérivés phénoliques du vin qui offre la protection la plus significative contre la maladie coronarienne? Creasy croit toujours aussi fermement aux vertus du resveratrol. Pourquoi? «C'est la seule substance contenue dans le vin qui offre des bienfaits évidents et prouvés.» Prouvés, même ses critiques doivent le reconnaître, depuis des siècles.

QUERCÉTINE:
LA BÊTE DEVIENT PRINCE

Le resveratrol n'est pas le seul antioxydant à être étudié. À la fin des années 70, les savants examinaient déjà la quercétine, présente dans presque tous nos fruits et légumes, ainsi que dans le vin rouge. Malheureusement, on a découvert qu'elle était cancérogène. Elle n'avait pas passé le test d'Ames, une épreuve mise au point par Bruce Ames, professeur à Berkeley, servant à reconnaître les mutagènes, agents qui accroissent le taux de mutation d'un organisme.

La quercétine est présente dans bon nombre de nos aliments, particulièrement dans les oignons verts, les oignons jaunes, les oignons rouges, les poireaux et l'ail. Elle se trouve aussi dans le raisin. Si elle causait le cancer, les conséquences seraient désastreuses: elle est si omniprésente qu'il est presque impossible de l'éviter. Et elle semble se trouver en abondance dans les aliments mêmes — fruits et légumes — qu'on nous incite à consommer pour rester en bonne santé.

Les savants ne sont pas censés paniquer, mais disons qu'ils étaient plutôt mal à l'aise. Puis de bonnes nouvelles sont arrivées. Des expériences faites sur des animaux et sur des cultures de cellules prouvaient que les résultats désastreux avaient été causés par ce que les savants appellent «une bizarrerie du système d'épreuve en laboratoire». Autrement dit, il s'agissait de résultats accidentels dus à la nature de l'épreuve et qui ne correspondaient en rien à l'action de la quercétine quand elle est consommée par des êtres humains.

Ames, accaparé par d'autres projets, avait demandé à un jeune collègue, Terrance Leighton, s'il voulait travailler sur la quercétine, qui lui semblait particulièrement intéressante. C'est comme cela que Leighton, professeur de biochimie et de biologie moléculaire, est devenu le «Pr Quercétine» aux yeux du monde entier. Après avoir exécuté d'autres épreuves poussées, Leighton a pu dire sans crainte de se tromper: «Il n'y a aucun élément de preuve que la quercétine soit toxique pour les gènes.»

Les nouvelles allaient en s'améliorant: «Nous avons constaté que la quercétine agit en fait comme une substance anticancéreuse», dit Leighton, qui trouve encore étonnante cette métamorphose de la Bête en Prince.

Au cours de notre rencontre, au début de 1995, il m'a expliqué que, lorsque les cancers du sein et du côlon étaient artificiellement induits dans des souris, la quercétine arrêtait le développement des tumeurs. Elle bloquait aussi l'activité des composés qui favorisent la croissance du cancer. En d'autres mots, la quercétine pouvait prévenir le cancer. Pour le confirmer, on a mené des expériences à de nombreuses reprises au centre de cancérologie de l'université Georgetown, où l'on a constaté que le traitement à la quercétine interrompt le développement du cancer chez des souris. Si le traitement est interrompu, la tumeur reprend sa croissance.

Selon Leighton, la quercétine s'est révélée particulièrement efficace pour prévenir le cancer du côlon ou en arrêter la progression. Au cours d'expériences effectuées au centre de cancérologie Sloan-Kettering, à New York, on a constaté que la quercétine et la rutine — autre flavonoïde se trouvant dans les fruits et légumes, ainsi que dans le vin rouge — arrivaient toutes deux à «enrayer la multiplication des tumeurs et leur développement», la quercétine étant un peu plus efficace que la rutine.

Mais ces substances seraient-elles aussi efficaces chez les humains qu'elles le sont indéniablement chez les souris? Jusqu'à présent, la seule réponse à cette question nous vient d'une étude menée en Chine par l'Institut national du cancer des États-Unis, qui a révélé que chez les sujets dont le régime alimentaire a une teneur élevée en quercétine — beaucoup d'oignons et d'ail —, l'incidence des cancers de l'appareil digestif (de la bouche à l'anus) était réduite de 30 à 40 p. 100. Si cette fameuse quercétine est si efficace, les organismes scientifiques des gouvernements doivent sûrement se marcher sur les pieds pour effectuer les études requises et répandre la bonne nouvelle dans la population? Pas du tout.

Leighton m'a raconté une histoire qui est aujourd'hui connue de tous: «L'Institut national de la santé [qui établit les priorités en matière de recherche] ne s'intéresse pas beaucoup aux relations alimentation-cancer ni aux relations générales existant entre l'alimentation et la santé, m'a-t-il dit en essayant de ne pas être amer. D'innombrables études indiquent que la quercétine est une substance importante pour la prévention ou la rémission du cancer. Tout ce qui manque aujourd'hui, c'est une étude clinique complète. Mais je ne crois pas qu'elle se fera.» Je lui ai demandé pourquoi. «Parce qu'il n'y a pas d'argent à y gagner», m'a-t-il simplement répondu.

«Même si l'on sait que le régime alimentaire est un facteur majeur du cancer et d'autres maladies, l'establishment médical reste obsédé par la recherche d'une panacée, du médicament insaisissable qui guérirait tous les cancers. Il recherche une solution pharmaceutique», dit-il.

En cas de réussite, bien entendu, les retombées financières seraient extraordinaires. Les sociétés pharmaceutiques tireraient des profits énormes d'une telle découverte. Mais entre-temps, on s'intéresse peu au domaine de connaissances qu'il est convenu d'appeler «nutriceutique», parce qu'il n'y a pas d'argent à faire en conseillant aux gens de manger des échalotes ou des poireaux. Leighton estime qu'il en coûterait de 300 à 400 millions de dollars pour exécuter le type d'études cliniques complètes susceptibles d'établir une fois pour toutes le potentiel de la quercétine dans la prévention et l'interruption du cancer du sein ou de la peau, par exemple. «Cela se fera peut-être en Europe, dit-il, mais je crois peu probable que cela se fasse au Canada ou aux États-Unis.»

Ce que tout cela signifie, si l'on se fie aux propos de Leighton, c'est que, en l'absence d'une recherche adéquatement financée sur les relations alimentation-maladie, vous et moi, en tant que profanes soucieux de notre santé, devons trouver la meilleure information qui existe et prendre nous-mêmes des mesures pour nous protéger, c'est-à-dire veiller à ne pas nous exposer au danger.

Quelles sont les données indiscutables dont nous disposons sur la quercétine? Il est certain que les plus grandes quantités de quercétine se trouvent dans les légumes de la famille des liliacées: l'oignon, l'ail et le poireau, dont nous avons parlé. Nous ignorons quelle proportion de la quercétine contenue dans ces légumes est absorbée par l'organisme. Des épreuves en laboratoire et des expériences effectuées sur des animaux, dit Leighton, révèlent que «la quantité de quercétine contenue dans le vin est significative sur le plan pharmacologique». En d'autres mots, il y en a assez pour qu'elle vous fasse du bien.

Du fait que la quercétine est hydrophobe, il se pourrait très bien, selon Leighton, qu'elle soit plus facilement absorbée par l'organisme quand elle lui est présentée en solution dans l'éthanol (dans le vin) au lieu de l'être sous forme de légume. À ce propos aussi, des recherches supplémentaires s'imposent; mais dans ce cas également, il est impossible de trouver du financement. Après avoir vérifié la teneur en quercétine de quelque 500 vins, Leighton sait au moins où elle se trouve et il en sait long sur son action quand elle est consommée sous forme de vin.

Comme un certain nombre d'autres flavonoïdes du vin, la quercétine est un antioxydant qui protège l'ADN et pourchasse les radicaux libres qui contribuent à la maladie coronarienne. Comme eux aussi, elle se trouve dans la peau du raisin. Par conséquent, le vin rouge en contient, puisque le jus fermente avec les peaux; mais pas le vin blanc, parce que les peaux sont éliminées dès le départ.

Tandis que le resveratrol — antifongique naturel, l'un des flavonoïdes les plus importants du vin — préfère les climats frais et humides de la France, de l'Ontario, de l'Oregon ou de l'État de New York, la quercétine aime le soleil. Selon Leighton, celle-ci est formée par le rayonnement ultraviolet: «Plus la lumière solaire, directement ou indirectement, atteint le raisin, plus il contient de quercétine. Quand le vignoble est vraiment à l'ombre, on trouve peu de quercétine dans le fruit.»

Contrairement au resveratrol, dont la concentration varie en fonction du cépage, la quercétine n'est pas tributaire du cépage. Selon Leighton, l'ensoleillement semble être le seul facteur influençant la teneur en quercétine du fruit. Par la suite, la teneur potentielle du vin en quercétine dépend presque exclusivement des méthodes de vinification. C'est surtout la durée du contact entre le vin et les peaux qui détermine la quantité de quercétine extraite par le vin.

Voici une découverte intéressante: même si, au départ, la teneur en quercétine est élevée, cela pourrait ne pas signifier grand-chose, parce que, à ce moment-là, elle n'est pas dans une forme absorbable. Elle est inactive. Ce n'est que si on la laisse un certain temps en contact avec les restes de levure — pratique courante dans les vineries traditionnelles — qu'elle se transforme en quercétine active. Si cela ne se produit pas, ne craignez rien, tout n'est pas perdu.

«Nous avons démontré, dit Leighton, qu'une bactérie présente dans l'intestin humain assure cette même réaction: elle convertit la quercétine inactive en quercétine active. Mais cette réaction ne se produit que dans la dernière partie de l'appareil digestif.» Voilà une alternative intéressante: est-il préférable de profiter de la quercétine active du vin complètement transformé — qui pourrait être bénéfique pour l'estomac et les parties supérieures de l'appareil digestif, et qui pourrait aussi être absorbée et attaquer les radicaux libres qui font des ravages dans les artères — ou devrait-on lui préférer la quercétine inactive — qui traverse l'organisme sans modification jusqu'au gros intestin, où elle peut être activée et jouer le rôle qui lui convient le mieux: prévenir le cancer du côlon?

C'est là le genre de question dont les savants se délectent; jusqu'à présent, on n'y a pas trouvé de réponse claire. La quercétine est exposée à un autre danger durant la vinification. Beaucoup de grandes vineries, soucieuses de réduire au minimum leurs frais de production, pressent le raisin jusqu'à en tirer la dernière goutte de jus. Il en résulte un vin qui contient tellement de tanin et de substances phénoliques qu'il en devient amer. Pour le rendre plus agréable au goût, les grandes vineries y ajoutent un produit appelé PVPP, agent affineur qui en élimine l'amertume... et les substances phénoliques, dont la quercétine. En fait, le produit final, conçu pour être vendu à bas prix, pour ressembler à du vin et peut-être même pour avoir un peu l'arôme et le goût du vin, n'offre aucun des bienfaits pour la santé dont nous avons parlé. Selon Leighton, d'autres agents affineurs et même les microfiltres ne semblent guère avoir d'effet sur la teneur en quercétine, bien qu'ils soient susceptibles d'éliminer le resveratrol et d'autres flavonoïdes.

Contrairement au resveratrol, qui semble disparaître graduellement à mesure que le vin vieillit, la quercétine y reste longtemps. «Nous avons analysé des vins vieux de 20 et de 30 ans, et la quercétine y semble très stable», dit Leighton. Bonne nouvelle également pour les cuisiniers: les températures de cuisson normales n'affectent pas la quercétine.

Naturellement, Leighton est frustré par le peu d'attention que les organismes officiels accordent aux nutriceutiques. Il trouve cela particulièrement paradoxal, quand tous les gouvernements ne parlent que de réduction des dépenses de santé. Selon lui, modifier les habitudes alimentaires de la population serait une bonne façon de réduire les budgets de santé, et il ne serait pas difficile d'y arriver.

Mais ne vous en faites pas trop. Vous n'avez pas besoin d'une ordonnance de votre médecin pour modifier votre alimentation. Ni de l'approbation de l'industrie pharmaceutique. «Chaque individu est maître de son alimentation, dit Leighton. Et la modifier pourrait avoir des répercussions considérables sur les taux de maladies chroniques.» Dans cette perspective, les flavonoïdes, la quercétine en particulier, sont d'un intérêt considérable.

LE VIN EST UN ALIMENT

Les études sur les bienfaits des flavonoïdes pour la santé ont suscité une nouvelle façon de penser. Comme Selwyn St. Leger, le savant britannique qui a été le premier à établir un lien entre le vin et la santé cardiovasculaire, me l'a dit à Manchester, «nous devrions considérer le vin comme un aliment, un aliment très spécial». C'est exactement de cette nouvelle vision du vin que la ville universitaire de Davis, en Californie, fait la promotion.

Au début de 1995, je m'y suis rendu en bravant les pluies torrentielles qui s'abattaient sur le nord de la Californie. J'ai vu bon nombre de vignobles inondés et de lits de rivière asséchés transformés en torrents tumultueux, avant d'enfin arriver dans la rue principale de Davis et d'entrer au restaurant *Kings,* pour me protéger contre les éléments. «Section non-fumeurs, s'il vous plaît.» Le garçon m'a souri, un tantinet condescendant: «Personne ne fume à Davis, monsieur.» C'est alors que je me suis souvenu que cette ville située au sud de Sacramento est aujourd'hui célèbre pour deux raisons. Premièrement, elle a adopté le règlement antitabac sans doute le plus sévère du monde entier: interdiction de fumer dans les bars et même dehors, dans un rayon de 6 mètres de tout édifice public. Deuxièmement, la faculté de viticulture et d'œnologie de l'université de la Californie est située à Davis, et constitue l'un des centres de recherche sur le vin les plus importants au monde.

Les bienfaits du vin pour la santé sont connus depuis longtemps à Davis. En fait, quand j'ai rendu une visite de politesse à Vern Singleton, professeur de viticulture à la retraite âgé de 71 ans, il a manifesté un peu d'amertume à ce sujet. Singleton a rédigé en 1969 un manuel scolaire portant sur les dérivés phénoliques. «Cela m'irrite», m'a-t-il confié pendant que nous dégustions un sherry californien en regardant le déluge de pluie, «de penser que j'ai consacré 33 ans de ma vie à cette discipline et que personne ne m'a jamais accordé la moindre attention.»

Vern n'a même pas suivi les conseils qu'il avait prodigués relativement aux bienfaits du vin pour la santé: «Il était rare que nous buvions du vin aux repas; je n'en buvais pas régulièrement, même si j'enseignais que le vin était bon pour la santé.» Peut-être n'est-ce qu'une coïncidence, mais Vern souffre aujourd'hui d'athérosclérose. Quand je l'ai rencontré, il était encore en convalescence à la suite d'un pontage coronarien.

Le lendemain matin, la pluie avait cessé et les arbres fruitiers en fleurs embaumaient le campus. Aujourd'hui, les successeurs de Vern Singleton ne manquent pas de susciter l'attention. Les noms de savants comme Andrew Waterhouse et Edwin Frankel sont bien connus, partout où l'on discute des effets du vin sur la santé. Mais c'est Bruce German, un Canadien, maître de conférences en sciences alimentaires à Davis, qui m'a le mieux expliqué la philosophie qui — les savants de Davis l'espèrent — fera changer d'avis les gouvernements et la population en ce qui concerne les bienfaits de l'alcool pour la santé.

Selon lui, la politique alimentaire des gouvernements du monde a toujours été orientée dans le but que la population atteigne l'âge de la reproduction — l'adolescence et le début de la vingtaine. Après cet âge, les gouvernements perdent tout intérêt pour la nutrition. Réfléchissez-y un instant: on a toujours privilégié et on privilégie encore le lait et les produits laitiers comme éléments de nutrition, alors que l'on sait maintenant qu'ils comportent des avantages principalement pour les enfants (et peut-être même pas) et que, plus tard dans la vie, ils sont directement associés aux taux élevés de maladie coronarienne. Pendant des décennies, on a cherché à avoir des bébés plus joufflus et des adolescents plus forts. Résultat: l'obésité des adultes est endémique en Amérique du Nord et elle mène à une mauvaise santé, à un mal-être psychologique et, souvent, à un décès prématuré causé par un accident cérébrovasculaire, une maladie du cœur ou un cancer. Selon German, pourvu que vous atteigniez l'âge de 20 ans, les gouvernements du passé ne s'intéressaient pas à vous voir atteindre les 80 ans.

Cela change. Dans son rapport publié en 1994, le comité COMA du gouvernement britannique a beaucoup insisté auprès de la population pour qu'elle consomme moins de matières grasses et plus de pain, de fruits et de légumes. Mais cette approche demeure conventionnelle. Selon German, on n'a pas manifesté beaucoup d'intérêt pour les produits qui, comme le vin, peuvent être considérés comme des aliments non essentiels. «Ce qui me préoccupe, dit-il, c'est d'avoir une nutrition optimale pendant les 40 prochaines années.» Et pour ce faire, il faut accorder plus d'attention aux substances chimiques qui gardent en bonne santé durant toute la vie. Étant donné le vieillissement rapide de la population, German croit que cette question prendra de plus en plus d'importance.

Quelles sont donc les substances chimiques susceptibles d'améliorer notre vie? German considère que les antioxydants en sont un bon exemple. C'est pourquoi, bien entendu, aux yeux de German, de Waterhouse et de leurs collègues de Davis, le vin doit être considéré du point de vue de la nutrition.

Au début de mes recherches, surtout après avoir conversé avec le Pr Leroy Creasy, «père du resveratrol», je voyais la recherche d'un agent de protection dans le vin comme une espèce de course hippique. Au coup de départ, le resveratrol était en tête, mais, deux tours plus loin, d'autres antioxydants — quercétine et catéchine — étaient en train de le rattraper. Dans le dernier tournant, le resveratrol menait toujours, mais, à l'approche du fil d'arrivée... Dans les mois qui ont suivi, toutefois, la suite des événements s'est accélérée. Il ne s'agissait plus d'une course hippique avec un seul cheval gagnant; il me semblait plutôt que les antioxydants du vin travaillaient en équipe et en harmonie, un peu comme un attelage de clydesdales.

«La clé, explique Andrew Waterhouse, maître de conférences en œnologie à Davis, c'est que chacun de ces produits chimiques agit comme un antioxydant dans une certaine situation.» La vitamine E, par exemple, est soluble dans les graisses et peut donc pénétrer dans le cholestérol LDL, tandis que la vitamine C, soluble dans l'eau, ne se trouve jamais dans les graisses. Ce qui complique les choses, c'est que ces deux vitamines semblent travailler ensemble à prévenir l'oxydation. Dans la fabrication du vin, si on ajoute de l'anhydride sulfureux ou de l'acide ascorbique (vitamine C) au raisin écrasé, il brunit. Mais si ces deux substances sont ajoutées ensemble, elles empêchent le raisin écrasé et le jus de brunir.

Quand ils analysent un vin rouge, les chercheurs de Waterhouse dépistent généralement une cinquantaine ou plus de flavonoïdes, dont ils commencent à peine à comprendre l'action individuelle et l'action collective sur l'organisme humain. «Nous examinons l'activité du plus grand nombre de substances possible», dit Waterhouse. Vous voyez ce que je veux dire quand je parle d'un attelage de chevaux.

Edwin Frankel et Bruce German ont déterminé en 1993 que le resveratrol peut, dans une éprouvette, inhiber l'oxydation des LDL humaines — étape vitale dans la prévention de la maladie coronarienne. Mais ils font remarquer que le resveratrol n'était présent qu'en petite quantité (difficulté aggravée par le fait qu'ils ont utilisé du vin californien, lequel contient rarement beaucoup de resveratrol). Les experts de Davis ont eux aussi confirmé que l'agent anticancéreux quercétine, ainsi que l'épicatéchine, autre flavonoïde du vin susceptible d'avoir des propriétés anticancéreuses, sont des antioxydants actifs.

Dans un article spécialisé, Waterhouse et Frankel écrivent que, même si le gouvernement américain recommande de généreuses portions de légumineuses, de céréales, de fruits et de légumes, il est difficile de convaincre la population de modifier ses habitudes alimentaires. Les Américains, par exemple, ont été incités à consommer chaque jour cinq portions de fruits et de légumes. Mince espoir qu'ils le fassent, étant donné que, comme les habitants des autres pays développés, les Américains préfèrent les aliments transformés et la restauration minute. Deux verres de vin, toutefois, pourraient augmenter de 40 p. 100 la dose alimentaire moyenne d'antioxydants, selon les chercheurs de Davis.

D'après Waterhouse, il est fort possible, le jour où les effets bénéfiques de certains antioxydants seront acceptés, que l'on puisse confectionner les vins sur mesure pour en augmenter les propriétés bénéfiques. Mais il reste beaucoup de recherche à faire sur le vin et, vu la profonde méfiance des gouvernements envers toute conclusion favorable à l'alcool, cette recherche est freinée par un manque chronique de financement.

Comme David Goldberg à Toronto, comme Tom Whitehead et Simon Maxwell en Angleterre, les membres de l'équipe de Davis ont hâte de prouver que les antioxydants du vin peuvent être absorbés par l'organisme humain. Le jour où je me trouvais à Davis, ils étaient fiers comme Artaban des résultats d'un test sur la catéchine, le plus abondant des antioxydants du vin, dont on a prouvé qu'il inhibe l'agrégation plaquettaire.

Quatre hommes, dont German, ont été mis au terrible régime nord-américain — aliments riches en matières grasses et aliments à calories vides — afin de purger leur système de tous les bons antioxydants qu'ils auraient pu tirer des fruits et légumes frais. Ensuite, on leur a donné de petites quantités de vin riche en catéchine (au cours de tests réalisés sur 20 vins californiens, il est apparu que celui issu du cépage syrah présentait la plus forte teneur en catéchine, suivi par un zinfandel). La concentration de catéchine dans le sang des sujets s'est élevée de façon satisfaisante. Elle avait diminué de moitié au bout de 18 heures. Une fois de plus, rapportait l'équipe, la réalité du paradoxe français avait été prouvée: c'était la consommation modérée et régulière de vin qui faisait toute la différence. Selon German, si vous concentrez toute votre consommation de vin le samedi soir, par exemple, au lieu de l'étaler sur toute la semaine, vous êtes sans doute privé de la protection des antioxydants pendant 80 p. 100 du temps.

Dans quelle mesure, alors, est-on certain que le vin rouge prévient la maladie coronarienne? J'ai reçu deux réponses à cette question. L'alcool du vin, d'après German, fournit une protection. «Au-delà de cette protection, dit-il, les dérivés phénoliques font toute la différence. Dans nos recherches, non seulement ils sont efficaces en tant qu'antioxydants, mais ils aident aussi à inhiber la production des enzymes qui favorisent la formation de caillots et l'agrégation plaquettaire. Ces dérivés phénoliques visent donc plus d'une cible.» Leurs propriétés de protection ont été démontrées en éprouvette; selon German, il serait difficile de croire que, présentes dans l'organisme humain en quantité suffisante, ces substances phénoliques n'offriraient pas les mêmes effets bénéfiques qu'en éprouvette.

Waterhouse s'est montré plus prudent: les preuves épidémiologiques de la protection offerte par le vin contre la maladie coronarienne (étude de St. Leger et autres) sont solides; mais, jusqu'à présent, l'effet antioxydant des flavonoïdes n'a été démontré qu'en éprouvette, sur du plasma humain. Aujourd'hui, même s'il est possible de prouver la présence d'antioxydants dans le sang après la consommation de vin, il est impossible de prouver que, dans un organisme humain, ces antioxydants pourchassent et détruisent les radicaux libres. À certains égards, la question de la relation du vin avec la santé en est au même stade que l'est depuis 50 ans celle de la cigarette avec la santé. Dans le cas du tabac, des études épidémiologiques et des expériences menées sur des animaux ont montré à maintes reprises les effets négatifs de ce produit. Mais il aurait été contraire à l'éthique d'effectuer des études sur les humains au cours desquelles on aurait demandé à la moitié des sujets de fumer et à l'autre moitié de s'abstenir.

Waterhouse est confiant: une fois que l'on comprendra plus clairement l'action des substances phénoliques sur l'organisme humain, il sera possible d'organiser une vaste étude sur des milliers de sujets. Mais une telle étude coûtera cher et, selon lui, pourrait prendre des années. Toutefois, Waterhouse n'a pu s'empêcher de formuler un petit espoir: «Si l'on arrive à réduire le taux de maladie coronarienne de 10 ou 20 p. 100 seulement, ce sera déjà quelque chose d'extraordinaire.»

L'EMBARRASSANTE QUESTION DE JOHN IREX

Tout a commencé par l'appel téléphonique d'un client, John Irex, qui a posé à Alex Karumanchiri, directeur des laboratoires de la Régie des alcools de l'Ontario, une question à laquelle ce dernier n'avait pas de réponse. Irex, importateur d'instruments chirurgicaux à la retraite et amateur de vin, avait entendu parler du paradoxe français et posait une question toute simple: «Si le vin est bon pour la santé, quels sont les meilleurs vins?»

Karumanchiri était pris de court. Pas étonnant qu'il n'eût pas de réponse: à cette époque, en 1993, peu de recherches avaient été faites sur le sujet. Leroy Creasy avait bien analysé un certain nombre de vins, la plupart produits dans l'État de New York, mais son matériel était rudimentaire et les quantités de resveratrol qu'il avait trouvées dans les vins étaient décevantes.

Malgré cette pénurie d'information, ni Irex ni Karumanchiri ne souhaitaient laisser tomber le sujet. Ils ont eu d'autres conversations, avant de finir par se rencontrer et par devenir des amis. Un jour, Irex a annoncé à Karumanchiri qu'il souhaitait lui présenter quelqu'un. Le bouillonnant Irex, qui se disait amateur de vin, avait rencontré dans l'un des magasins Vintages de la Régie ontarienne, où l'on vend des vins de grand cru, un autre enthousiaste, David Goldberg, professeur de biochimie à l'université de Toronto.

Goldberg, également président du comité d'éducation de la Société canadienne d'athérosclérose, avait commencé 15 ans plus tôt à examiner le pouvoir du vin en matière de prévention de la maladie coronarienne. Il était intéressé par la question d'Irex autant que Karumanchiri l'avait été. Peu de temps après, Karumanchiri présentait à Goldberg l'un de ses amis, George Soleas, président du comité technique de l'Institut canadien du vin. Le travail était lancé.

C'était un trio plutôt inattendu qui tenterait d'arracher de nouveaux secrets à la boisson des Anciens: aucun d'entre eux ne portait un nom français aristocratique; leur travail ne serait pas exécuté sur les rives ensoleillées de la Méditerranée, où le vin fait partie du quotidien, mais plutôt sur les rives septentrionales du lac Ontario. Goldberg, né à Glasgow, a acquis son goût pour les vins fins alors qu'il était président de l'association étudiante de l'université de Glasgow: ses fonctions l'«obligeaient» à participer à des dégustations de vins pour sélectionner ceux qui seraient servis aux banquets de l'association. Il n'a certes pas manqué à ses obligations.

Soleas, d'origine gréco-cypriote, a grandi dans le vin. Il travaillait pour une aciérie quand il a appris que la société Andrès, l'un des plus importants producteurs de vin au Canada, était à la recherche d'un biochimiste. Il s'est préparé à son nouveau travail en étudiant avec les experts de l'université de la Californie à Davis. Aujourd'hui, dans son laboratoire situé dans les vignobles, à une heure de route des chutes Niagara, il se consacre entièrement à l'étude des possibilités du vin.

Karumanchiri, romancier et joueur de tennis dans ses heures libres, est un excellent cuisinier; enfant, dans le sud de l'Inde, il a appris l'art culinaire auprès du chef cuisinier de la maison familiale, qui lui-même avait dirigé les cuisines de grands paquebots.

Goldberg était intrigué par les possibilités du resveratrol. Comme l'avait fait Leroy Creasy, Goldberg avait découvert que les Japonais étudiaient l'application de cette substance au traitement de l'athérosclérose. Mais il s'intéressait au resveratrol pour une autre raison. Beaucoup de flavonoïdes, comme la quercétine, sont présents dans les fruits, les légumes et d'autres aliments courants. Quant au resveratrol, il est présent dans le vin, mais dans presque aucun autre aliment ou boisson que nous consommons (sauf les arachides). Il était tentant de croire que c'était l'une des substances clés qui fournissaient aux Français la protection qui leur était particulière.

L'une des premières démarches de Goldberg et Soleas fut de se rendre dans le nord de l'État de New York pour prendre un repas mémorable à la ferme de Creasy. La femme de celui-ci, Minn, d'origine chinoise, avait elle-même abattu le gibier qu'elle leur a servi. Durant une discussion sur les possibilités du vin, Creasy a servi à ses hôtes du vin qu'il avait fait avec son propre raisin — provenant des vignes de cette région, ce vin devait certainement avoir une teneur élevée en resveratrol. De retour à Toronto, à son bureau de l'institut Banting, nommé ainsi en l'honneur du codécouvreur de l'insuline, Goldberg a mis au point une série d'expériences destinées à mettre le resveratrol à l'épreuve, dans certains cas sur des sujets humains.

Il voulait tester les effets du resveratrol sur la coagulation sanguine en éprouvette et les comparer avec ceux de la quercétine et d'autres dérivés phénoliques. Il a aussi recruté 24 jeunes hommes volontaires qui, pendant quelques semaines, devaient consommer tour à tour du jus de raisin commercial, du jus additionné de resveratrol, du vin blanc, puis du vin rouge à forte teneur en resveratrol.

Pendant ce temps, Soleas et Karumanchiri s'attaquaient à la question de John Irex. Ils voulaient savoir quels vins contenaient le plus de resveratrol. Les anciennes méthodes de test étaient terriblement lentes. Des semaines de travail ne pourraient donner de résultats que pour une douzaine de vins. Ils ont examiné et rejeté plusieurs autres méthodes, avant d'arrêter leur choix sur un système d'analyse par chromatographie — comme on en voit dans les séries policières où les laboratoires doivent analyser des drogues ou des échantillons de sang —, ce qui leur a ouvert les vannes. Ils étaient enfin en mesure de tester des lots entiers de vin pour en mesurer la teneur en resveratrol.

Les tests étaient rapides et les résultats, comparés avec ceux d'autres méthodes, se révélaient justes. Karumanchiri possédait un avantage de taille sur les chercheurs universitaires: il jouissait d'un accès illimité à des vins provenant de toutes les régions du monde, afin de les analyser. La Régie des alcools de l'Ontario, le plus grand acheteur de vins au monde, teste constamment les vins qu'elle achète. Dans un laps de temps relativement bref, l'équipe a rassemblé des données sur 200, 300, et bientôt sur près de 1000 vins. La réalité du resveratrol s'est révélée. Comme prévu, il apparaissait presque exclusivement dans les vins rouges. Le ciel souvent nuageux de la Bourgogne et du Bordelais, ainsi que les vignobles embrumés de la Suisse et de l'Oregon sont particulièrement favorables au resveratrol, avide d'humidité. Les vins des régions plus chaudes et plus ensoleillées, comme celles d'Italie, d'Espagne, d'Australie et de Californie, contiennent moins de resveratrol.

Toutefois, il restait un peu d'espoir pour tout le monde. En effet, il est apparu que le cépage était aussi important que la région d'origine pour ce qui était de la teneur en resveratrol. Le vin fait à partir de pinot noir, le raisin foncé originaire de Bourgogne qui donne certains des meilleurs vins au monde, présentait une teneur élevée en resveratrol, où que se trouve le vignoble. Ce n'est pas le cépage le plus facile à cultiver, mais, aujourd'hui, les viticulteurs de l'Allemagne, de l'Europe de l'Est, de la Californie, de l'Oregon, de l'Australie, de la Nouvelle-Zélande et du Canada commencent tous à mieux en connaître les exigences particulières. Les cépages merlot, gamay et shiraz semblent aussi donner de bons résultats, quel que soit l'endroit où on les cultive.

Le cabernet sauvignon, cependant, est moins à même de surmonter les difficultés de climat. Ce merveilleux cépage, solide comme du cuir, plein de tanin et au riche bouquet, donne au vin une excellente teneur en resveratrol dans le Bordelais, mais il donne de moins bons résultats à cet égard en Australie et dans les régions viticoles du Nouveau Monde.

Les résultats par cépage ont quelque peu encouragé les viticulteurs travaillant hors de la France. Les vins français ont longtemps impressionné le monde entier, qui les considérait comme les meilleurs. Il serait difficile d'avaler que, dans un contexte où l'accent est mis sur les bienfaits du vin pour la santé, les Français soient une fois de plus en mesure de prétendre avoir le monopole, cette fois-ci en ce qui concerne le resveratrol.

S'il est prouvé que le resveratrol est vraiment l'un des flavonoïdes du vin les plus importants, alors les produits de la Bourgogne et du Bordelais occuperont le haut rang dans l'échelle des bienfaits pour la santé. Mais s'ils se concentrent sur les bons cépages (surtout le pinot noir), les producteurs des régions plus chaudes — Espagne, Italie, Californie et autres régions viticoles du Nouveau Monde — pourront éviter d'être éliminés de la course. En fait, les teneurs les plus élevées déterminées par la Régie ontarienne l'ont été pour des vins pinot noir de la Suisse, de l'Oregon et de l'Ontario.

Cependant, un doute subsistait au sujet du resveratrol. En Californie, au cours d'une conversation que j'ai eue à l'automne 1994 avec Andrew Waterhouse, celui-ci m'a confié: «J'ai maintenant le sentiment que le resveratrol n'est qu'un élément mineur dans le tableau. Ce qui fait problème, c'est que le vin en contient si peu. D'autres substances phénoliques y sont beaucoup plus abondantes.» Au moment même où nous discutions, le travail progressait ailleurs. Dans les laboratoires de la Régie des alcools de l'Ontario, on avait noté que, lorsqu'on préparait un nouvel échantillon de resveratrol, un pic unique apparaissait. Avec le vieillissement de l'échantillon, il en survenait un second. Le premier pic s'appelle trans-resveratrol; le second, cis-resveratrol. Cela signifiait que la quantité de res-veratrol était plus grande qu'on ne l'avait initialement soupçonné. Depuis lors, deux glucosides du resveratrol (molécules de glucose liées au resvera-trol) ont été découverts et Karumanchiri croit qu'il en reste peut-être d'autres formes à découvrir. Les expériences d'aujourd'hui révèlent des teneurs en resveratrol de 40 à 50 fois plus élevées que celles enregistrées par Creasy. Selon Goldberg, cette concentration est cliniquement significative.

Heureusement, les bonnes nouvelles au sujet du resveratrol ont été confirmées par un savant italien, le Dr Fulvio Mattivi, qui travaille sur cette substance depuis plusieurs années. Ses dernières expériences révè-lent aussi que certains vins d'Italie et d'autres régions chaudes contien-nent les précieux glucosides du resveratrol. Quand je lui ai parlé, vers la fin de 1994, Mattivi était sur le point d'entreprendre des expériences sur des volontaires, au cours desquelles il mettrait à l'épreuve une substance phénolique pour en mesurer l'activité antioxydante.

Entre-temps, dans son laboratoire de l'université de Toronto, Gold-berg conduisait sur des volontaires des tests qui révélaient une fois de plus que le resveratrol augmente le taux de «bon» cholestérol HDL en réduisant celui du «mauvais» LDL. Ses sujets, âgés de 21 à 45 ans, devaient tout d'abord s'abstenir d'alcool sous toutes ses formes pen-dant deux semaines, puis consommer du jus de raisin commercial pendant quatre semaines, pour ensuite boire pendant quatre autres semaines du jus additionné de resveratrol. Deux semaines d'abstinence suivaient, pour éliminer le resveratrol de l'organisme des sujets et les pré-parer à quatre autres semaines de test, durant lesquelles ils boiraient quotidiennement un verre de vin blanc, et aux quatre dernières semai-nes, où il s'agirait de vin rouge riche en resveratrol.

Tandis que le vin rouge entraînait le plus haut taux de «bon» HDL, le simple jus de raisin, parce qu'il contenait beaucoup de sucre, produisait l'effet inverse en réduisant le taux de HDL. Quand on ajoutait le resvera-trol au jus, l'effet négatif disparaissait; les taux de cholestérol des sujets revenaient à leur valeur de départ. Il était évident que le resveratrol fai-sait le plus d'effet quand il se trouvait dans le vin. Le processus de fer-mentation libère le resveratrol; notre organisme peut ainsi l'absorber quand nous consommons un verre de vin rouge.

Selon Goldberg, l'une des difficultés des expériences, c'est qu'il y a un chevauchement entre l'avantage apporté par le resveratrol et l'avantage global offert par l'alcool. Dans des expériences futures, il tentera de distinguer les avantages respectifs de ces deux éléments. Sa mission: vérifier l'effet sur l'agrégation plaquettaire non seulement du trans-resveratrol, mais aussi de plusieurs autres antioxydants et substances phénoliques du vin. Tout cela peut paraître obscur, mais cela signifie simplement que Goldberg recherche l'agent le plus susceptible de favoriser la circulation du sang et de prévenir la formation des caillots qui causent les crises cardiaques et les accidents cérébrovasculaires.

La vitamine E et les autres antioxydants n'ont en rien diminué la tendance des plaquettes à s'agglutiner, non plus que deux substances phénoliques du vin, la catéchine et l'épicatéchine, sa sœur. Les éléments les plus efficaces étaient notre vieille amie anticancéreuse, la quercétine, et le trans-resveratrol.

Ces flavonoïdes inhibaient tous deux la coagulation de plusieurs façons et, généralement, plus efficacement que l'alcool pur. Ce qui était particulièrement fascinant, c'était qu'ils le faisaient en suivant des trajectoires chimiques différentes. Selon Goldberg, le trans-resveratrol est le seul agent qui bloque la production de thromboxane, la plus puissante des substances chimiques qui favorisent l'agrégation plaquettaire. Il semble que la quercétine s'attaque aux symptômes, tandis que le trans-resveratrol s'en prend à la cause: «Pour ce qui est de prévenir la coagulation, m'a-t-il annoncé après les tests en éprouvette, le resveratrol est le plus puissant des flavonoïdes que nous ayons mis à l'épreuve.»

Les leucocytes jouent aussi un rôle dévastateur dans le processus chimique complexe qu'est l'athérosclérose. S'il y a une infection bactérienne, ces cellules sécrètent des substances chimiques qui provoquent une réaction inflammatoire dans les artères. Il s'agit en fait d'hormones locales qui lancent des signaux pour attirer d'autres leucocytes dans la région enflammée. Résultat: obstruction dans l'artère et risque de formation d'un caillot.

Selon Goldberg, là aussi, en éprouvette, le trans-resveratrol bloque la production des sécrétions potentiellement dangereuses encore plus efficacement que toutes les autres substances phénoliques déjà mises à l'épreuve. Les résultats qu'il a obtenus chez ses sujets hommes n'ont toutefois pas été aussi clairs. Le vin blanc s'est révélé aussi efficace que le rouge, voire un peu plus, dans la suppression de certains des processus conduisant à l'agrégation plaquettaire et à la formation de caillots. Il croit aujourd'hui que les résultats ont été compromis par des problèmes dans les méthodes d'épreuve. Avant d'en arriver à une conclusion finale, il faut attendre les résultats des expériences menées actuellement par Mattivi et par d'autres chercheurs.

Au fond, était-ce une bonne idée de placer tous ses œufs dans le panier du resveratrol? Si prometteurs que soient les résultats de ces expériences, plusieurs autres flavonoïdes, dont la quercétine, la catéchine et l'épicaté-chine, apportent leur contribution à la santé des artères. En Californie, Andrew Waterhouse et son équipe ont prouvé que la catéchine, en fait le plus abondant des flavonoïdes, peut être absorbée dans le sang. Si le resve-ratrol est un marqueur pour tous les autres flavonoïdes, en d'autres mots, si une teneur élevée en resveratrol signifie automatiquement que les autres fla-vonoïdes sont présents en bonne quantité, alors il suffit de mesurer le resve-ratrol. Mais, comme nous l'avons vu, ce n'est pas toujours le cas avec la quercétine. Dans les vins californiens en particulier — naturellement fai-bles en resveratrol à cause du climat sec et chaud —, on a constaté que la quercétine était souvent présente quand le resveratrol était absent, un peu comme s'ils s'excluaient l'un l'autre. Et même si le trio de Toronto trouvait le resveratrol en quantités bien plus grandes qu'auparavant, ces quantités restaient faibles en comparaison avec les quantités de catéchine.

Pour être considéré comme l'ingrédient miracle, il fallait que le resve-ratrol produise un effet majeur. Le moment était venu pour les trois hommes de pousser plus loin leurs recherches. Goldberg s'est préparé à effectuer des tests en laboratoire avec la catéchine, tandis que Karuman-chiri et Soleas ont cherché à élargir leurs méthodes d'analyse du vin afin de mesurer la quantité des autres flavonoïdes présents. La sorcellerie technique est venue à leur aide. Après avoir mis au point trois versions différentes, ils ont finalement abouti à une méthode faisant appel à la chro-matographie en phase liquide, qui leur permettait de tester les extraits de vin à la température ambiante (au lieu d'être obligés de les chauffer, comme ils l'avaient fait durant leurs expériences sur le resveratrol) et de mesurer avec deux fois plus de rapidité toute une gamme de flavonoïdes.

Encore une fois, ils avaient pris une avance importante dans le domaine. À mesure que les bienfaits du vin seront de plus en plus recon-nus, leurs découvertes pourraient avoir des répercussions importantes sur l'industrie vinicole du monde entier. Quel que soit le pays producteur, c'étaient généralement les petites vineries appliquant les techniques tradi-tionnelles qui produisaient les vins dont la teneur en flavonoïdes était la plus élevée. «Généralement, dit Karumanchiri, les meilleurs vins du monde proviennent de petites vineries. On y accorde plus d'attention aux détails et aux traditions. On y profite de plusieurs siècles de connaissances en matière de production de vin. Chacune a son petit truc pour obtenir un bouquet particulier, et tout compromis est hors de question.»

Dans le cas des grandes vineries, l'histoire était souvent tout autre. Si les substances phénoliques étaient absentes de leur vin, il ne fallait pas en rejeter tout le blâme sur elles; c'est exactement comme cela que beaucoup de clients veulent leur vin. Les consommateurs de vin peu raffinés préfèrent un produit transparent comme du cristal. Pour l'obtenir, beaucoup de vineries recourent au «filtrage à froid». Comme le nom de ce procédé l'indique, le vin est refroidi, ce qui facilite le filtrage de toutes les matières solides, dont les «diamants du vin», ces cristaux inoffensifs formés par le sucre. Malheureusement, le filtrage élimine souvent les flavonoïdes qui nous sont si bénéfiques. Selon ce que George Soleas m'a dit lorsqu'il m'a fait visiter la vinerie Andrès, même le filtrage normal enlève la moitié des substances phénoliques. Et le filtrage au charbon servant à clarifier la robe de certains vins retire de ceux-ci de 70 à 80 p. 100 du resveratrol.

Par exemple, le pinot noir, le cépage qui donne l'un des meilleurs taux de resveratrol où qu'il soit cultivé, n'est pas à l'abri du filtrage. «Tout récemment, dit Karumanchiri, nous avons analysé un pinot noir provenant d'une grande vinerie reconnue pour son recours au filtrage.» Il ne contenait pratiquement pas de resveratrol. «S'il s'était agi d'un vin provenant d'une autre vinerie, nous aurions cru avoir fait une erreur d'analyse.»

Les vins blancs en particulier doivent être aussi limpides que de l'eau de source pour que la plupart des clients les acceptent. La présence de sédiments serait considérée comme un véritable scandale. C'est pourquoi, selon Soleas, on ne laisse pas fermenter le vin blanc sur les peaux. Les peaux, et toutes les substances phénoliques qu'elles contiennent, sont généralement utilisées comme engrais. D'après lui, il ne serait pas difficile d'en extraire les substances phénoliques pour les ajouter au vin blanc; ainsi, le vin blanc équivaudrait au rouge en ce qui a trait aux bienfaits pour la santé. Certains membres de l'industrie vinicole songent à ajouter à leurs vins de la vitamine C, un antioxydant puissant.

Il est plus facile d'accepter que le vin rouge contienne des sédiments (qui, comme la nature le veut, renferment les substances phénoliques). À la vinerie Robert Mondavi, dans la Napa Valley, j'ai vu des bouteilles clairement étiquetées: non filtré. Mais, aux yeux de Soleas, tout cela est fonction de prix... et de raffinement: «Si les gens paient 7 $ pour une bouteille de vin et y trouvent des sédiments, ils se plaignent. S'ils paient 27 $, ils ne se plaignent pas.»

Il est peu probable que les grandes vineries abandonneront les vins homogénéisés de marque maison qu'ils produisent pour le grand public. Le scénario le plus probable, selon Karumanchiri, c'est que, à mesure que les consommateurs prendront conscience des bienfaits du vin pour la santé et qu'ils se sensibiliseront au goût de cette boisson, les grandes vineries commenceront à viser ce marché et à produire de plus en plus de vins de «boutique» non filtrés.

Quelle est donc la réponse à la question de John Irex? Nous ne connaîtrons pas à fond avant de nombreuses années la façon dont les antioxydants du vin, individuellement et collectivement, nous protègent contre la maladie coronarienne. Nous proposons quand même au chapitre 5 des principes généraux de sélection des vins qui vous aideront à vous protéger contre les affections cardiaques.

LA GRANDE
COURSE DES FLAVONOÏDES

Comme nous l'avons vu, il se peut que les antioxydants travaillent en équipe pour offrir différents types de protection. Je suis quand même tenté de faire une analogie avec une course de chevaux. Voici les montures qui offrent aujourd'hui le plus d'espoir à la barrière de départ.

Resveratrol: fougueuse pouliche dont le pedigree remonte à des siècles. Petite charpente, mais un vrai bolide. Extraordinaire en matière de coagulation, pour les deux raisons que nous avons vues: inhibition prouvée du cholestérol LDL; augmentation du «bon» cholestérol HDL.

Quercétine: jument un peu rébarbative qui a commencé à galoper dans la mauvaise direction. Remise sur la bonne voie, elle est doublement prometteuse: contre l'athérosclérose et contre certains cancers. Comme le resveratrol, elle prévient l'agrégation plaquettaire; elle est aussi un antioxydant puissant. Tout compte fait, un bon pari.

Catéchine: étalon grand et élancé, à la charpente impressionnante. Présente en plus grande quantité que les autres substances phénoliques bénéfiques, elle a un bon effet antioxydant, mais elle est faible quand il s'agit de bloquer l'agrégation plaquettaire. Sa principale force: l'antioxydation. Il en va de même pour l'épicatéchine.

Candidats inattendus: la rutine (glucoside de la quercétine), l'acide gallique, la cyanidine et la myricétine.

C'est un départ!

CHAPITRE 5

TROUVER LES VINS LES PLUS BÉNÉFIQUES

QUELS VINS CHOISIR

De nos jours, choisir une bouteille de vin dans un grand magasin d'alcool a de quoi décourager. Le marché du vin a explosé durant les prospères années 80; aujourd'hui, le choix qui s'offre au consommateur ébloui est saisissant. Beaucoup de ces vins sont de vieux favoris; de nombreux autres sont inconnus et proviennent de pays dont on ignorait qu'ils avaient une industrie vinicole. Ce qui rend le choix du vin encore plus difficile, c'est qu'un grand nombre des nouveaux produits sont excellents. Les vineries du Nouveau Monde (c'est-à-dire non européennes), en Australie, au Chili et surtout en Californie, produisent des vins comparables, voire supérieurs, à beaucoup d'anciens et célèbres vins européens. Pour l'amateur de vins, suivre cette explosion devient presque une occupation à temps plein, encore que ce soit une occupation fort agréable.

Voilà que des considérations de santé viennent s'ajouter aux critères de choix. À cet égard, cependant, les nouvelles sont bonnes pour les consommateurs et les producteurs de vins nord-américains. Pour ce qui est des antioxydants si bénéfiques pour le cœur, les vins de la Bourgogne et du Bordelais sont difficiles à battre. Mais avant de commencer à vous lamenter et à serrer votre portefeuille (en réalité, beaucoup de vins français, à part ceux de la Bourgogne, se vendent à prix raisonnable), sachez que la nature a donné à l'Amérique du Nord au moins deux régions viticoles d'où proviennent certains des vins les plus prometteurs en matière d'antioxydants, plus particulièrement de resveratrol. Ces régions sont l'Oregon, dans le nord-ouest américain, et la région du Niagara, à l'extrémité ouest du lac Ontario.

À ceux qui veulent en savoir plus long, je proposerai un système qui les aidera à choisir les vins les plus susceptibles de leur offrir une protection contre la maladie coronarienne et contre d'autres maladies. En outre, je dresserai la liste des vins qui ont été reçus favorablement par les connaisseurs et qui, sans que leur teneur en antioxydants ait été établie, correspondent au profil des vins qui contiennent des quantités importantes de flavonoïdes.

Les règles sont plutôt simples; après les avoir appliquées quelques fois, vous pourrez reconnaître immédiatement les vins que vous devez acheter. Mais n'oubliez pas que le vin n'est pas un médicament. Si vous n'aimez pas cette boisson, n'en achetez pas sous prétexte qu'elle vous fera du bien. De plus, même si je vous donne des conseils sur les propriétés bénéfiques du vin, j'espère que vous ne vous en tiendrez pas aveuglément à un supposé label d'approbation de ma part. Vous vous priveriez du plaisir de goûter les milliers de vins que le monde entier met à votre disposition; chacun a quelque chose de spécial à offrir. Le vin est fait pour être apprécié et savouré; ce n'est que par une heureuse coïncidence qu'il protège aussi la santé.

Il faut également se rappeler que les discussions portant sur l'identité des flavonoïdes du vin qui sont les plus bénéfiques sont loin d'être terminées. Le sujet soulève encore de vives controverses. Il est peu probable que des recherches futures viennent nier le rôle global du vin — surtout du vin rouge — dans la protection contre la maladie coronarienne et contre d'autres affections. Mais la manière exacte dont le vin protège le cœur fera longtemps encore l'objet de débats. Souvenez-vous donc que, même si l'information fournie ici peut vous être utile dans la sélection de vos vins, elle n'est pas définitive.

Vous devriez d'abord savoir qu'il n'y a que trois variables principales quand il s'agit de choisir le meilleur vin pour la santé: le cépage, la région où la vigne est cultivée et les techniques utilisées dans la vinification. Une quatrième variable — les méthodes d'entreposage et de transport du vin — est marginale, en plus d'être difficile à contrôler.

L'analyse exhaustive des vins en vue d'y mesurer les flavonoïdes en est encore à ses balbutiements. Les méthodes s'améliorent constamment; le jour viendra bientôt où vous pourrez choisir vos vins sur la tablette du marchand selon un indice combiné des antioxydants imprimé sur l'étiquette.

D'ici là, je vous propose quelques principes généraux qui sont le fruit des résultats d'analyse du Pr Leroy Creasy, de l'université Cornell; d'Andrew Waterhouse et de son équipe de l'université de la Californie à Davis; du Pr David Goldberg, de l'université de Toronto; d'Alex Karumanchiri, de la Régie des alcools de l'Ontario; et de George Soleas, de l'Institut canadien du vin. Cependant, j'assume l'entière responsabilité de tous les conseils prodigués dans le présent ouvrage.

Dans la plupart des cas, nous avons considéré la présence de resveratrol comme l'indicateur clé de la teneur en antioxydants. Ce n'est pas parce que le resveratrol est nécessairement le meilleur flavonoïde du vin ou le seul qui soit utile. Comme c'est le cas pour tous les flavonoïdes du vin, l'action antioxydante réelle du resveratrol sur l'organisme reste à établir au moyen de vastes études cliniques. L'attention générale s'est d'abord dirigée sur le resveratrol en raison de son utilisation dans les remèdes traditionnels orientaux, et la majorité des premières recherches se sont concentrées sur cette substance. C'est peut-être un flavonoïde extrêmement important — seuls le temps et d'autres recherches le confirmeront. Pour le moment, on peut affirmer sans craindre de se tromper que le resveratrol est très efficace pour prévenir l'agrégation plaquettaire — donc la formation de caillots — et pour augmenter le taux de cholestérol HDL. Comme antioxydant, il n'est pas aussi efficace que la quercétine ou l'épicatéchine, deux autres flavonoïdes utiles du vin, mais sa teneur est importante pour ce qui nous intéresse: les analyses les plus récentes effectuées à Toronto sur toute une gamme de flavonoïdes révèlent que chaque fois que la teneur en resveratrol est importante, celle des autres flavonoïdes l'est généralement aussi (sauf dans le cas des vins californiens qui, comme nous l'avons vu, présentent un effet d'exclusion mutuelle entre le resveratrol et la quercétine).

«La teneur en resveratrol est un bon indicateur d'extraction complète des substances contenues dans la peau du raisin», dit Karumanchiri. Elle indique que le vin a été laissé en contact avec les peaux assez longtemps pour que les autres flavonoïdes en soient extraits eux aussi. Nous savons que le resveratrol est le plus abondant dans les climats frais et humides, comme ceux du Bordelais ou de l'Oregon, et le moins abondant dans les régions chaudes comme celles de l'Italie, de l'Espagne et de la Californie. (Le premier graphique compare la teneur totale en resveratrol des vins produits dans diverses régions. Le second compare celle des types de resveratrol [isomères].)

Teneur totale en resveratrol des vins rouges produits dans diverses régions

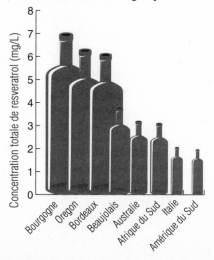

Concentration des isomères de resveratrol dans les vins canadiens et californiens

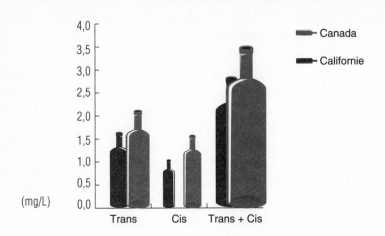

Par conséquent, l'absence de resveratrol ne signifie pas nécessairement une faible teneur en flavonoïdes, parce que la catéchine et la quercétine, par exemple, pourraient être présentes. Une forte teneur en resveratrol signifie presque à coup sûr que ce vin est bon pour votre cœur, tandis qu'une faible teneur signifie que vous devriez tenir compte du climat de la région d'origine.

La première règle, presque immuable, c'est que le vin blanc contient très peu de flavonoïdes, ce qui me désole. Un jour, il sera peut-être possible de lui en ajouter pour qu'il soit aussi bon pour la santé que le vin rouge. La peau des raisins blancs servant à la fabrication du vin blanc contient souvent moins de flavonoïdes que la peau des raisins rouges. Il y a toutefois quelques exceptions: la peau du cépage riesling, par exemple, contient une quantité importante de resveratrol. Mais, comme nous l'avons vu, ces mesures ne veulent pratiquement rien dire puisque, dans le cas du vin blanc, on retire les peaux au début du processus de fermentation. Cependant, l'alcool fournit 50 p. 100 de la protection contre l'athérosclérose, peut-être même plus. Par conséquent, un verre ou deux de vin blanc vous seront sûrement bénéfiques.

Il est tentant de croire que le simple fait de tenir le vin près d'une source de lumière et d'examiner son corps et la profondeur de sa robe rubis permette de repérer un produit dont la teneur en resveratrol et en flavonoïdes est élevée. Ce n'est pas le cas. L'opacité du vin laisse supposer une saveur intense, mais, selon le Pr Goldberg, le resveratrol et la plupart des autres flavonoïdes sont incolores. En fait, le pinot noir, celui des cépages qui donne le plus souvent des vins riches en resveratrol, donne aussi un vin relativement pâle qui ne présente aucun indice de ses puissants ingrédients.

Quand on commencera à parler de régions, surtout de celles de France, vous aurez peut-être l'impression que seuls les vins chers pourraient être bons pour votre cœur. Détrompez-vous. Ce qui surprend, c'est que bien souvent ce sont les vins les plus chers qui comptent le moins de resveratrol. La raison en est simple: le vieillissement en fûts de chêne — technique utilisée pour la fabrication de la plupart des très grands vins — réduit la teneur en resveratrol, parfois de moitié. Plus longtemps le vin reste dans le chêne, d'après Goldberg, plus grande est la perte. On ne sait pas si cette technique élimine aussi les autres flavonoïdes. Quoi qu'il en soit, on fait aujourd'hui vieillir la plupart des vins dans des cuves d'acier inoxydable.

Les vins produits selon les méthodes traditionnelles (qui évitent le filtrage excessif) — généralement dans des petites vineries — sont susceptibles de contenir une plus grande quantité de flavonoïdes. Il va sans dire que les vins produits en masse — faits de raisins ou de jus d'origine inconnue, ils subissent des raccourcis de production tel le pressurage à chaud, et on les filtre de nouveau pour en assurer la limpidité — ont une teneur faible, voire nulle, en flavonoïdes. Certains de ces vins sont à tel point vidés des éléments du raisin que les laboratoires les appellent «vins morts».

Vous feriez sans doute mieux d'éviter les bouteilles dont l'étiquette mentionne seulement «vin rouge», parce que vous n'avez aucun moyen de connaître le cépage, la région ou les méthodes de production.

Depuis une dizaine d'années, les producteurs viticoles du Nouveau Monde ont lutté contre la mystique du vin français en étiquetant simplement leurs bouteilles du nom du cépage: cabernet sauvignon, par exemple. Aujourd'hui, les Français le font aussi avec leurs vins «génériques». Et certains de ces vins sont excellents du point de vue des flavonoïdes. Par exemple, un vin générique français bon marché de 1994, du cépage merlot, a donné la plus forte teneur en flavonoïdes jamais enregistrée dans les laboratoires de Toronto. Un bon vin générique, fait à partir des bons raisins et provenant de la bonne région, est un aliment idéal qui devrait orner votre table quotidienne. Vous pourriez dépenser beaucoup plus et obtenir beaucoup moins de bienfaits. Parmi les cépages à rechercher, on compte le pinot noir, bien entendu, et son dérivé, le pinotage. Le cabernet sauvignon, dans un bon climat, contient beaucoup de resveratrol, mais les variations de concentration sont importantes; ce cépage très sensible au climat, cultivé en Ontario, peut donner de deux à deux fois et demie plus de resveratrol que s'il est cultivé en Australie ou en Afrique du Sud; cultivé en France, il en donne quatre fois plus. D'autres cépages sont excellents et presque indifférents au climat: le merlot, le gamay et le shiraz.

Pour comparer la teneur en resveratrol des vins de différents pays ou de différentes régions, je recours souvent aux teneurs en resveratrol dérivées des tests effectués dans le passé à Toronto. Ce sont celles du trans-resveratrol, l'une des formes du resveratrol. Depuis, à part le cis-resveratrol, deux glucosides du resveratrol ont été découverts et il pourrait y en avoir d'autres. Le vin contient beaucoup plus de resveratrol qu'on le croyait au départ (même si, en quantité, c'est un élément mineur par rapport à certains autres flavonoïdes). Mais les données initiales, confirmées par les analyses les plus récentes, sont utiles comme base de comparaison entre les vins de diverses régions. Comme nous l'avons déjà dit, une concentration élevée de resveratrol indique que celle des autres flavonoïdes aussi est probablement élevée.

N'oubliez pas que les quantités de resveratrol servent aux fins de comparaison seulement. Ces teneurs varient d'une saison à l'autre, donc d'un millésime à l'autre, et même d'un vignoble à l'autre durant la même saison. Du point de vue de la santé, il est préférable de consommer toute une gamme de vins, au lieu de s'en tenir à une marque ou à un millésime.

Je dresse aussi une liste de vins pour chaque région. Même si je ne peux fournir des détails sur leur teneur en antioxydants, je les recommande en raison de leur qualité et de leur prix. Du fait que le marché nord-américain est très fragmenté, je ne peux que donner des marques et des prix approximatifs; à vous de trouver vos sources d'approvisionnement. Pour ce qui est de la cote de prix, la lettre A signifie très bon marché (généralement moins de 7 $), B signifie de 7 $ à 10 $; C, de 10 $ à 18 $; et D, plus de 18 $. Les prix sont en dollars canadiens, bien entendu.

Parmi mes sources, je tiens à citer Tony Aspler, auteur de *Vintage Canada* (McGraw-Hill Ryerson, Toronto) et d'autres excellents ouvrages sur le vin; Anthony Rose et Tim Atkin, auteurs de *Grapevine: The Complete Wine Buyer's Handbook* (Headline, Londres); et de nombreux dégustateurs de l'industrie. À tous, j'exprime ma plus profonde gratitude.

FRANCE

BOURGOGNE
Taux moyen de trans-resveratrol: 4,39 mg/L

Ce sont des vins champions, imbattables. Il est presque impossible de se tromper quand on achète des vins de la célèbre région de l'est de la France qui s'étend de Chablis à Beaune et, vers le sud, à Lyon. Il est facile de comprendre pourquoi. Le cépage pinot noir est universellement utilisé pour le bourgogne rouge, que ce soit pour les vins plus puissants de la côte de Nuits ou les vins plus légers de la côte de Beaune, les deux principales parties de la fabuleuse Côte-d'Or.

En plus d'une teneur considérable en antioxydants, les meilleurs pinots noirs de cette région offrent un autre avantage: les connaisseurs jurent que, de tous les vins, ce sont ceux dont le charme est le plus durable, le plus inoubliable. Dans une vaine tentative d'évoquer leurs qualités, ils utilisent des termes comme «fumée», «fraises», «framboises» et «violettes».

Il serait exagéré de s'attendre à ce que des vins si raffinés se vendent à bas prix. Mais, quel que soit leur prix (soyons francs, le prix des bourgognes n'est jamais modique), il est probable que leur teneur en resveratrol et en antioxydants sera élevée. Quand le Pr Whitehead a persuadé le sommelier de son club de Londres de lui réserver des échantillons de quelques grands vins français aux fins d'analyse, ce sont deux bourgognes — un Savigny-lès-Beaune et un Santenay — qui ont présenté les teneurs les plus élevées.

Dans les analyses faites à Toronto, la teneur en resveratrol moyenne des vins de la côte de Nuits était de 4,72, soit un peu plus que la teneur de 3,79 des vins de la côte de Beaune. Un certain nombre de vins génériques et de vins de marque provenant de cette région ont produit de bons résultats, parfois meilleurs que ceux des marques célèbres. La teneur en resveratrol du Bourgogne rouge, par exemple, était de 6,51.

Voici quelques noms de vins de Bourgogne dignes de mention:

Pinot Noir, Jean-Claude Boisset	C
Pinot Noir, Latour	C
Côtes de Beaune-Villages, J. Drouhin	D
Mâcon Supérieur, Bouchard Père & Fils	C
Nuit-Saint-Georges, Paul Dugenais	D

Clos de Chenôves, Bourgogne rouge, Cave de Buxy	C
Hautes-Côtes-de-Beaune, Denis Carré	C
Côte-de-Nuits-Villages, Gérard Julien	D
Givry Clos Marceaux, Laborde-Juillot	D
Hautes-Côtes-de-Beaune, Jayer-Gilles	D
Hautes-Côtes-de-Nuits, Jayer-Gilles	D
Savigny-lès-Beaune, Domaine des Guettes, Domaine Pavelot	D
Vosne-Romanée, Mongeard-Mugneret	D
Clos de la Féguine, Domaine Jacques Prieur	D
Château de Rully rouge	D
Chorey-lès-Beaune, Tollot-Beaut et Fils	D
Chassagne-Montrachet, Carillon	D
Santenay, Clos Genet, Denis Philibert	C
Pinot Noir, Vin de Pays de l'Aude	B
Santenay Clos Rousseau, Domaine Morey	D
Chambolle-Musigny, Domaine Machard de Gramont	D
Gevrey-Chambertin, Domaine Burguet	D
Bourgogne Rouge, Faiveley	C
Saint-Aubin Rouge, Les Combes, Vincent Prunier	D
Volnay, Louis Jadot	D
Bourgogne Rouge, Pinot Noir, Jean-Claude Boisset	B

BEAUJOLAIS
Taux moyen de trans-resveratrol: 2,88 mg/L

Même si le Beaujolais fait partie de la Bourgogne, il est unique quant au cépage qu'on y cultive — le gamay — et à la méthode utilisée pour produire le célèbre beaujolais nouveau. C'est un vin qui convient bien à notre époque: production accélérée, apparition sur nos tables quelques semaines après les vendanges. Au lieu que les grappes soient foulées et que le jus en soit extrait, celles-ci sont d'abord jetées telles quelles dans la cuve, selon un procédé appelé «fermentation du fruit entier». Le poids des grappes fait éclater les raisins se trouvant au fond, et la fermentation commence spontanément. La partie supérieure de la cuve se remplit bientôt de gaz carbonique qui en chasse l'oxygène. Quelques jours plus tard, le raisin est légèrement écrasé et la fermentation se poursuit sans les peaux.

Le but de cet exercice est d'éviter les tanins lourds — par conséquent, une bonne partie des flavonoïdes — afin que le vin, prêt à être bu après un mois seulement, ait la saveur légère et fruitée qui lui est caractéristique. Merveilleuse boisson, bien entendu, mais qui n'est pas sans inconvénients: ce vin ne dure pas et l'extraction des substances contenues dans la peau est modeste. Les beaujolais nouveaux contiennent donc peu de resveratrol. Il en va autrement du beaujolais ordinaire et du beaujolais supérieur, dont la robe est souvent plus foncée, et qui se conservent six ou sept ans. Ces vins ressemblent davantage à leurs cousins bourguignons et offrent davantage de bienfaits potentiels pour la santé que le beaujolais nouveau. Souvent, on mélange les raisins du cépage gamay du Beaujolais à ceux du pinot noir pour produire un vin appelé passe-tout-grain.

Voici quelques vins du Beaujolais dignes de mention:

Beaujolais-Villages, Dubœuf	B
Beaujolais-Villages, Domaine de Saint-Ennemond	C
Beaujolais-Villages, Domaine des Ronze	B
Beaujolais-Villages, Bouchacourt	B
Fleurie Domaine Verpoix	C
Fleurie Domaine des Quatre Vents, Dubœuf	D
Bourgogne Passe-Tout-Grain, Jaffelin	B
Moulin-à-Vent, Tour de Bief, Dubœuf	C
Régnié, Domaine des Braves, Franck Cinquin	C

BORDEAUX
Taux moyen de trans-resveratrol: 3,89 mg/L

En matière de grands vins, le Bordelais est le cœur du monde. La production y est beaucoup plus élevée qu'en Bourgogne. Ses 1295 kilomètres carrés de vignobles constituent la plus grande région productrice de vins fins au monde. Les noms de ses châteaux sont devenus synonymes des meilleurs vins rouges du monde. C'est le pays du bordeaux rouge, issu d'une combinaison de cabernet sauvignon, de cabernet franc et de merlot, et généralement produit sur la rive droite de la Gironde. De nos jours, sur le plan de la santé, les cépages merlot et cabernet de la région de Bordeaux, rafraîchis par les brumes et les brises du golfe de Gascogne, représentent une norme difficile à battre.

Au cours des analyses effectuées à Toronto, certains des vins de Bordeaux les plus célèbres, ceux du Médoc, de même que ceux de Saint-Émilion, ont donné des résultats plus faibles que les autres vins de cette région; mais cela pourrait être dû au hasard des millésimes choisis. Il y a plusieurs années, au cours des premières analyses effectuées à Cornell par Leroy Creasy, c'est un bordeaux rouge qui contenait le plus de resveratrol, parmi les 28 vins français et américains examinés. Plus tard, quand le Pr Whitehead a analysé une série de vins français pour en déterminer la teneur totale en antioxydants, plusieurs vins de Bordeaux se sont bien classés, dont le Château Moulinet, le Château Les Ormes de Pez, le Cru Bourgeois, le Château Greysac et, le champion, le Château Cantemerle.

Grâce aux méthodes de fabrication de l'Ancien Monde, on extrait le maximum des substances contenues dans la peau et on réduit au minimum les interventions sur le vin avant qu'il caresse votre palais... et atteigne vos artères.

Ce qui est merveilleux, c'est que les bordeaux sont généralement moins chers que les bourgognes.

Voici quelques noms dignes de mention:

Calvet Réserve, Calvet	C
Château Puyfromage, A. Albert	C
La Cour Pavillon, Loudenne	C
Mouton-Cadet Rouge, P. de Rothschild	C
Sirius, Sichel	C
Saint-Émilion, Gabriel Corcol	B
Margaux, Barton & Guestier	C
Merlot, Barton & Guestier	C
Saint-Julien, Barton & Guestier	C
Château La Forêt, Bordeaux	B
Château de Clos Delord, Bordeaux Rouge	B
Château du Peyrat, Premières Côtes de Bordeaux	B
Château Lalande d'Auvion, Médoc	C
Château Fournas Bernadotte, Haut-Médoc	C
Château Tour Prignac, Médoc,	C
Château Poujeaux, Moulis-en-Médoc	D
Château Chasse-Spleen	D
Château Saint-Georges, Saint-Georges, Saint-Émilion	D
Clos Fourtet, Saint-Émilion, Premier Grand Cru Classé	D
Château de Francs, Côtes de Francs	C
Château de France, Pessac-Léognan	C
Château Lilian Ladouys, Saint-Estèphe	D
Château de Parenchère, Bordeaux Supérieur	C
Château Balac, Haut-Médoc	C

Château Pierrousselle Rouge, Michel Lafon	B
Château Beau Site, Saint-Estèphe	D
Claret, AC Bordeaux, Cuvée VE	A
Château La Perrière, Bordeaux, Majestic	B
Château Cantemerle, Haut-Médoc	D
Château de Valois, Pomerol	D
Château Lacousse, Classic Claret	B
Château Gazin, Pomerol	D
Château Mingot, Côtes de Castillon	B
Château Les Tonnelles de Fronsac	B
Château Maine-Bonnet, Graves	C
Château Lascombes, Margaux	D
Bertineau Saint-Vincent, Michel Rolland, Lalande de Pomerol	D
Saint-Émilion, Christian Moueix	C
Margaux, Lucien Lurton	C
Cabernet Sauvignon, Barton & Guestier	C

LA VALLÉE DU RHÔNE
Taux moyen de trans-resveratrol: 3,60 mg/L

À peine plus faibles en resveratrol que les vins de Bordeaux, les vins du Rhône, notamment le Côtes-du-Rhône, le Côte-Rôtie, le Châteauneuf-du-Pape et l'Hermitage, ont obtenu une cote élevée remarquablement uniforme, ce qui laisse supposer une extraction complète des substances des peaux. La région située dans le nord du Rhône est le domaine de la syrah, ce raisin foncé à saveur prononcée qui est devenu le pilier de la viticulture en Californie et (sous le nom de shiraz) en Australie. Plus au sud, les rouges du Rhône sont faits d'un mélange de syrah, de grenache, de cinsault, de mourvèdre ou de carignan.

Voici quelques noms dignes de mention:

Côtes-du-Rhône-Villages, Rasteau	B
La Vieille Ferme, Côtes du Ventoux	B
Côtes-du-Rhône, Vidal-Fleury	C
Crozes-Hermitage, Jaboulet	C
Crozes-Hermitage, Bernard Chave	C
Château Saint-Maurice, Côtes-du-Rhône	B
Château Grand Prebois, Côtes-du-Rhône	C
Rasteau La Ramillade, Château du Trignon,	

Côtes-du-Rhône-Villages	C
Coudoulet de Beaucastel, Côtes-du-Rhône	C
Domaine de Prebayon, Côtes-du-Rhône-Villages	B
Beaumes-de-Venise, Carte Noire, Côtes-du-Rhône-Villages	B
Côtes-du-Rhône, Guigal	C
Côte-Rôtie, Gilles Barge	D
Côtes-du-Rhône, Jean-Luc Colombo	C
Château de la Ramière, Côtes-du-Rhône	B
Châteauneuf-du-Pape, Domaine Font de Michelle	D
Châteauneuf-du-Pape, Les Couversets, J. Quiot	C
Châteauneuf-du-Pape, Château de Beaucastel	D
Châteauneuf-du-Pape, Domaine André Brunel	D
Châteauneuf-du-Pape, Château des Fines Roches, Barrot	D

Un certain nombre d'analyses ont été effectuées sur des vins français provenant d'autres régions, avec des résultats variables. Les constantes: le pinot noir donne toujours de bons taux, un pinot alsacien ayant donné un taux de 7,94 et un pinot de la vallée de la Loire, 10,8. Parmi les vins génériques analysés, le Piat de Merlot a donné l'un des taux les plus élevés.

CANADA

Taux moyen de trans-resveratrol: 3,16 mg/L

Il y a 10 ou 20 ans à peine, les vins ontariens étaient méprisés. Ils comprenaient alors quelques bons chardonnays et du sherry inférieur en grande quantité, plaisant aux amateurs de boissons sucrées de l'époque. Consommer des vins rouges ontariens était considéré comme un acte de patriotisme bien plus que comme un plaisir gustatif. De nos jours, cela a beaucoup changé.

En 1988, l'Ontario Wine Council a mis sur pied la Vintners' Quality Alliance (VQA) dans le but d'encourager la production de vins supérieurs. Non seulement 100 p. 100 des raisins utilisés pour la production des vins VQA doivent être locaux et nommés sur l'étiquette, mais leur maturité doit être certifiée et le vin doit passer tous les ans une épreuve de dégustation à l'aveugle pour obtenir le sceau VQA.

Par conséquent, bon nombre de vins VQA, qui représentent environ 20 p. 100 de la production vinicole ontarienne, ont remporté des prix dans les compétitions internationales. Ce qui nous intéresse davantage, c'est que les vignes cultivées dans cette région sont très riches en resveratrol et que, du fait que les méthodes traditionnelles sont utilisées pour produire les vins VQA, ces rouges de l'Ontario ont des taux de resveratrol parmi les plus élevés du monde. Le brouillard qui monte des chutes Niagara est un très bon symbole du climat généralement frais et humide de la région (pas seulement la région viticole du Niagara, au nord, mais aussi celle de l'État de New York, sur la rive sud du lac Ontario). Voilà vraiment la contrée du resveratrol.

L'un des vins VQA analysés, un mélange de pinot noir et de cabernet sauvignon, a remporté l'extraordinaire score de 16. La Colombie-Britannique aussi a adopté un plan VQA et obtenu des résultats analogues. Beaucoup de vins non conformes à la VQA présentent des teneurs respectables en antioxydants. Toutefois, la meilleure garantie d'une bonne teneur en antioxydants demeure la mention VQA sur l'étiquette. Comme d'habitude, les pinots noirs ont remporté les meilleurs scores. Voici quelques noms dignes de mention parmi les pinots à prix abordable de l'Ontario et de la Colombie-Britannique:

Inniskillin	B
Pelee Island	B
Château des Charmes	B
Gray Monk	C
Quail's Gate Pinot Noir Reserve	C
LeComte	B
Hainle	C
Stoney Ridge	B

Les cabernets sauvignons ontariens ont aussi présenté une teneur élevée en antioxydants. En voici quelques-uns:

Château des Charmes	B
Lakeview Cellars	B
Stoney Ridge	B
Peller Estates	B
Jackson-Triggs	B
Kittling Ridge	A

Cependant, comme nous l'avons dit plus haut, les consommateurs canadiens soucieux de la santé de leur cœur devraient choisir des vins portant la mention VQA.

Bon vin, bon cœur, bonne santé!

ÉTATS-UNIS

OREGON
Taux moyen de trans-resveratrol: 4,3 mg/L

L'Oregon n'est pas une région très connue des amateurs de vins; cela devrait bientôt changer, puisque l'Oregon produit des vins de qualité supérieure. Il est certain que cet État tirera parti du nouvel intérêt que l'on porte aux propriétés bénéfiques du vin pour la santé. Après les vins de Bourgogne, de presque tous les vins du monde, ce sont les pinots noirs de l'Oregon qui présentent le plus grand potentiel de bienfaits pour votre cœur.

On a jugé téméraires les viticulteurs pionniers de la vallée Willamette, dans l'ouest de l'Oregon, lorsque, il y a une trentaine d'années, ils ont planté du pinot noir, un cépage plutôt capricieux qui n'avait donné jusque-là que des ennuis aux viticulteurs de la Californie. Mais ces pionniers devaient savoir quelque chose que les autres ignoraient. Même les vignerons de Bourgogne, où l'absence d'ensoleillement empêche souvent le pinot noir de mûrir, manifestent un vif intérêt pour l'Oregon, où un ensoleillement plus prolongé réussit mieux aux vignes. Robert Drouhin, nom célèbre en Bourgogne, croit à tel point en l'avenir de l'Oregon qu'il y a établi une vinerie dans les Dundee Hills, où il a installé sa fille, Véronique, comme vinificatrice.

Étant donné que, en Oregon, la production est régie par les lois les plus strictes des États-Unis et que l'engagement envers la qualité est moins évident dans certaines grandes vineries californiennes (même s'il y a beaucoup de vineries d'excellente qualité dans cet État), les viticulteurs de l'Oregon se sont trouvé un bon créneau. Grâce au climat frais et humide, et au cépage qu'ils ont choisi, les producteurs de vin de l'Oregon pourraient bien être les grands gagnants dans la course des antioxydants.

Selon Karumanchiri, les anciennes analyses qui avaient révélé un taux élevé de resveratrol dans les pinots noirs de cette région ont été confirmées par des analyses plus récentes et beaucoup plus poussées: ces vins ont une teneur élevée en à peu près tous les précieux flavonoïdes. Voici quelques noms dignes de mention: Amity, Domaine Drouhin, St. Innocent, Adelsheim, Knudsen-Erath, Bethel Heights, Cameron, Eyrie, Ponzi, Rex Hill, Callahan Ridge, Panther Creek et Vintage House.

CALIFORNIE
Taux moyen de trans-resveratrol: 1,47 mg/L

La Californie est au monde du vin ce que General Motors est à celui de l'automobile: on y produit des vins pour tous les goûts et pour tous les portefeuilles. Avec plus de 800 vineries autorisées (et ce nombre continue d'augmenter), l'industrie vinicole californienne domine le marché américain. C'est un géant qu'il est impossible d'ignorer. C'est pourquoi, au cours des dernières décennies, le géant californien a à lui seul orienté la production mondiale de vin dans une nouvelle direction. C'est la première industrie vinicole à avoir dissipé une partie de la mystique — pour ne pas dire du snobisme — rattachée à la consommation de vin en indiquant clairement sur l'étiquette le nom du cépage. Les consommateurs ont vite compris qu'en achetant un cabernet sauvignon ou un merlot — au lieu d'acheter un Château X ou un Château Y —, ils pouvaient facilement comparer des produits analogues, que ceux-ci proviennent de la Napa Valley ou des rives du Rhône. Cette idée californienne a eu un tel retentissement que tous les producteurs vinicoles, y compris les Français, ont emboîté le pas. Mais le dieu de la vigne, qui avait si largement souri à la Californie, avait omis un petit quelque chose: personne ne peut prétendre que les vins californiens contiennent beaucoup de resveratrol. Le climat chaud, presque désertique, de cet État empêche l'apparition de resveratrol, qui préfère les climats frais et humides. Il n'est donc pas étonnant que les œnologues californiens aient tendance à minimiser l'importance du resveratrol et prétendent que les autres antioxydants abondants dans les vins rouges californiens sont plus importants. Seuls le temps et des recherches supplémentaires permettront de régler ce différend.

Entre-temps, les producteurs peuvent se consoler en apprenant que les pinots noirs de la Californie, segment du marché californien de plus en plus important, contiennent autant de resveratrol que ceux d'ailleurs. Les analyses effectuées à Toronto sur sept pinots noirs californiens révèlent un taux moyen élevé de resveratrol: près de 6 mg/L. Un pinot noir analysé à l'université de la Californie à Davis a aussi présenté un taux élevé de quercétine, antioxydant et substance anticancéreuse reconnue. Les analyses de Toronto et de Davis ne laissent aucun doute: les autres flavonoïdes précieux sont présents en quantités appréciables dans les vins californiens.

Plusieurs cabernets sauvignons analysés à Davis ont présenté des concentrations substantielles de catéchine et d'épicatéchine, deux antioxydants puissants, ainsi que de quercétine. De toutes les bouteilles analysées à Davis, c'est une bouteille de petite syrah (cépage distinct de la

125

syrah) qui contenait le plus de catéchine, tandis que les merlots contenaient aussi des quantités élevées de catéchine et d'épicatéchine. Un zinfandel, produit à partir de ce raisin vif et foncé originaire de la Californie, a présenté une teneur élevée en catéchine.

Les vins blancs californiens — chardonnays, sauvignons blancs et zinfandels blancs — ne contenaient aucune quercétine, renfermaient une quantité infime de resveratrol et très peu ou pas du tout des autres flavonoïdes.

Quand les chercheurs californiens ont testé la capacité des substances phénoliques de prévenir l'oxydation du cholestérol LDL, les flavonoïdes du vin rouge se sont révélés extraordinairement efficaces: de 46 à 100 p. 100 d'efficacité. L'efficacité des flavonoïdes du vin blanc, par contre, n'a atteint qu'un taux de 3 à 6 p. 100.

Il faudra beaucoup d'autres épreuves, non seulement pour établir la quantité de flavonoïdes contenus dans le vin, mais aussi pour démontrer avec précision le degré de leur efficacité dans la prévention de la maladie coronarienne.

Voici quelques pinots noirs californiens dignes de mention:

Acacia	D
Pedroncelli	C
Parducci	C
Robert Mondavi Reserve	D
Saintsbury Carneros	D
Saintsbury Garnet	D
Los Carneros, Carneros Creek	D
Fleur de Carneros, Carneros Creek	D
Calera Central Coast	D
Mirssou Harvest Reserve	D
Paul Masson	C
Monterey Classic Pinot Noir	B

Voici quelques autres marques dignes de mention:

Glen Ellen Merlot Proprietor's Reserve	B
Sutter Home Zinfandel	B
Fetzer Eagle Point Petite Syrah	C
Zinfandel, Cartlidge & Brown	B
Robert Mondavi Pinot Noir, Napa Valley	D
Sutter Home Merlot	B
Ravenswood Zinfandel	C
Rosenblum Zinfandel	C

NEW YORK

La force de l'État de New York, comme celle de l'Oregon, réside dans ses pinots noirs. Historiquement, les viticulteurs new-yorkais, dont la production vient au second rang aux États-Unis après celle de la Californie, s'en sont remis aux cépages américains; mais, ces dernières années, ils ont de plus en plus favorisé le type *vinefera* — les raisins européens classiques. Parmi ceux-là, le pinot noir a trouvé un foyer hospitalier dans la région viticole de Finger Lakes, tandis que les viticulteurs de Long Island — tout près de la ville de New York — se sont spécialisés dans les merlots et les cabernets sauvignons. C'est là un changement de cépage qui pourrait rapporter gros aux viticulteurs new-yorkais, du fait que de plus en plus de consommateurs sont conscients des bienfaits potentiels de ces vins pour la santé.

L'industrie new-yorkaise doit s'estimer heureuse que le Pr Leroy Creasy — le défenseur le plus acharné du resveratrol aux États-Unis — travaille tout près, à l'université Cornell. Creasy a attiré l'attention du monde entier sur la teneur élevée en resveratrol de beaucoup de vins new-yorkais, plus particulièrement des pinots noirs. Même si nous ne disposons pas de données comparatives sur ces vins et sur ceux de la France, de l'Oregon et d'ailleurs, Creasy m'a affirmé qu'un pinot noir qu'il a récemment analysé a présenté la teneur la plus élevée de tous les vins qu'il a analysés durant sa carrière, même les vins français.

Voici quelques vins dignes de mention:

Dr. Konstantin Frank's Pinot Noir	C
Bedell Cellars Merlot	C
Lenz Winery Merlot	C
Millbrook Merlot	C
Arcadian Estate Pinot Noir	C
Brotherhood Pinot Noir	C
Glenora Merlot	C
Lamoreux Landing Pinot Noir	C
McGregor Pinot Noir	C
NewLand Pinot Noir	C
Pindar Pinot Noir	C
Gristina Merlot	C
Hermann J. Weimer Pinot Noir	C
Lakewood Pinot Noir	C

Palmer Merlot	C
Peconic Bay Merlot	C
Wagner Pinot Noir	C
Palmer Cabernet Sauvignon	C

AUSTRALIE

Taux moyen de trans-resveratrol: 1,47 mg/L

Les vins australiens sont avenants; il est facile de les aimer; ils offrent souvent un bon rapport qualité/prix. Si vous êtes néophyte en matière de vin, une bouteille de Koonunga Hill Shiraz-Cabernet Sauvignon ou de Wolf Blass Yellow Label Cabernet Sauvignon vous éveillera les papilles. Grâce à leur saveur fruitée, souvent accompagnée de notes de chêne, beaucoup de vins australiens compensent par la gaieté et la cordialité ce qui, selon certains experts, leur manque en subtilité.

Pour ce qui est des antioxydants, en Australie, le mot d'ordre semble être shiraz. Au cours des analyses, les vins faits de shiraz (ou syrah) ont toujours remporté un score supérieur à celui des cabernets sauvignons ou des mélanges shiraz-cabernet. Si vous optez pour un pinot noir australien, vous faites bien: un pinot noir australien testé a présenté une teneur exceptionnelle de 13,4.

Si le resveratrol se révèle le flavonoïde le plus important du vin, ou l'un des plus importants, les nouveaux vignobles des régions plus fraîches, plantés de cabernet, de merlot et de pinot, pourraient représenter le meilleur espoir de l'Australie. Nous surveillons l'évolution de la situation.

Voici certains vins dignes de mention:

Remnano Shiraz	C
Ridoch Limited Release Shiraz	C
St. Hallett Borassa Shiraz	C
David Wynn Patriarch Shiraz	D
Lindeman's Bin 50 Shiraz	B
Basedow Shiraz	C
Riddoch Shiraz	C
Leasingham Shiraz, Clare Valley	C
Peter Lehmann Vine Vale Shiraz	B
Craigmoor Mudgee Shiraz	C

Jamieson's Run Coonawarra	C
E & E Black Pepper Shiraz	D
Penfolds Bin 2, Shiraz/Mourvedre	B
Rothbury Estate Shiraz, South Eastern Australia	C
Château Reynella Basket Pressed Shiraz, McLaren Vale	C
Rockford Basket Press Shiraz	D
Wolf Blass Shiraz, President's Selection	D
Mount Langhi Ghiran Shiraz	C
Wynn's Shiraz, Coonawarra	C
Yarra Yering Underhill Shiraz	D
Wynn's St. Michael Hermitage	D
Wildflower Ridge Shiraz, Western Australia	B
Hardy's Barossa Valley Shiraz	C
Rosemount Estate Shiraz	B
McWilliams Mount Pleasant Philip Shiraz, Hunter River Valley	C

NOUVELLE-ZÉLANDE

Il n'y a pas si longtemps, la Nouvelle-Zélande n'était célèbre que pour ses superbes vins blancs, plus particulièrement les sauvignons blancs et les chardonnays. Aujourd'hui, les rouges, dont les pinots noirs, les cabernets sauvignons et les merlots, attirent l'attention des amateurs et remportent de nombreux prix. Du fait qu'ils sont produits dans le même climat frais favorable au resveratrol que celui de la Bourgogne ou du nord de l'État de New York, les rouges de la Nouvelle-Zélande méritent notre attention.

Voici quelques noms à retenir:

Waimarama Estate Hawkes Bay Cabernet/Merlot	D
Montana Cabernet Sauvignon	B
Corbans Private Bin Cabernet/Merlot	C
Corbans Merlot	C
Coopers Creek Huapai Cabernet/Merlot	C

Ces pinots noirs sont également dignes de mention: Babich, Corbans, Kumeu River, Matua Marlborough, St. Helena, Vidal et Villa Maria Estate.

ITALIE

Taux moyen de trans-resveratrol: 1,76 mg/L

Beaucoup de vins italiens sont superbes; il est pourtant difficile de les classer par catégories en fonction de leurs bienfaits pour la santé. Le taux de maladie coronarienne en Italie compte parmi les plus faibles au monde. Même si l'on tient compte du régime alimentaire méditerranéen, cela laisse supposer que les vins italiens, qui sont consommés en abondance, ont un effet de prévention des maladies du cœur. Mais nos mesures de resveratrol conviennent moins bien à ce cas-ci, parce que le climat chaud de l'Italie, comme celui de la Californie, donne du raisin à faible teneur en trans-resveratrol.

Les glucosides du resveratrol (resveratrol lié à des sucres) sont présents dans les rouges italiens. À ce jour, on ne sait toutefois pas si le resveratrol de ce type pénètre dans le sang. En outre, bon nombre des cépages cultivés en Italie ne nous sont pas familiers et, traditionnellement, les producteurs italiens ne mentionnent pas le cépage sur l'étiquette; mais cela est en train de changer.

Cela dit, les vins de la Toscane ont obtenu de meilleurs résultats d'analyse que ceux de la Vénétie ou du Piémont. Dans le cas des vins faits exclusivement de cabernet sauvignon, les taux de resveratrol sont respectables. L'Italie pourrait nous réserver des surprises. Le Dr Fulvio Mattivi a mesuré des taux de trans-resveratrol atteignant les 7,17 mg/L dans les vins rouges de la région du Trentin. Les cabernets sauvignons remportaient la palme, leurs taux variant de 1,33 à 7,17, suivis des merlots (3,14 à 6,03) et des pinots noirs, exceptionnellement troisièmes (3,22 à 5,93). N'oublions pas le chianti, ce vin campagnard qui accompagne si bien les pâtes. On recourt parfois à pas moins de cinq cépages pour le produire, dont du raisin blanc. Malgré son bouquet énergique et sa robe d'un rouge intense, le chianti contient moins de resveratrol que les autres vins italiens déjà cités.

Voici quelques suggestions:

Cabernet Sauvignon, Casarsa	B
Cabernet Sauvignon, La Stoppa	D
Cabernet Sauvignon, Folonari	B
Pinot Nero Il Bosco, Zonin	B
Merlot, Casarsa	B
Merlot, Collavini	B

Merlot del Piave Donini	B
Merlot, Trentino, Ca'vit	B
Casale del Giglio Shiraz, Vino da Tavola del Lazio	B
Merlot Grave del Friuli	A
Merlot/Cabernet Sauvignon Fiordaliso, Vino da Tavola	B
Merlot del Veneto, Via Nova	B

ESPAGNE ET PORTUGAL

Taux moyen de trans-resveratrol: 1,64 mg/L

Les vins espagnols et portugais présentent les mêmes difficultés que les vins italiens. Vingt-six vins espagnols ont été analysés, mais il a été impossible de les classer par cépage. Dans ce cas aussi, les glucosides du resveratrol étaient présents, surtout dans le rioja, produit dans la région vinicole plus fraîche du nord de l'Espagne, célèbre pour ses vins de table. Le rioja est un vin agréable qui sent la fraise et le santal.

Le porto, vin fortifié du Portugal, est un cas intéressant. Tandis que le sherry ne semble pas contenir beaucoup d'antioxydants, le porto (issu de la fermentation partielle du raisin, interrompue par l'addition de brandy) contient des glucosides du resveratrol. Ces derniers pourraient être considérés comme insignifiants, du fait que peu de buveurs consommeront assez de porto pour qu'ils aient un effet sur la santé.

Voici quelques vins rioja à noter:

Rioja Campo Vieja Reserva	C
Rioja Cumbrero Tinto	B
Rioja Marqués de Riscal	C
Rioja Montelorca	B
Rioja Vina Monty Gran Reserva	C
CVNE, Vina Real Rioja	A
Rioja Crianza Campillo	B
Contino, Rioja Reserva	D
Tempranillo, Rioja Berberana	B
Campillo Gran Reserva Rioja	D
Conde de Valdemar Rioja Reserva	C
Baron de Ley Rioja Reserva	C

AFRIQUE DU SUD

L'Afrique du Sud présente l'un des exemples les plus intéressants en ce qui concerne les effets bénéfiques potentiels de ses vins pour notre cœur. En théorie, avec son climat chaud, ce pays n'a rien à espérer sur le plan des substances qui nous intéressent. Pourtant, pour ce qui est de la teneur totale en resveratrol, l'Afrique du Sud se trouve au même rang que l'Australie et devance de loin l'Italie et l'Espagne. Explication probable: le pinotage.

Dans les années 1900, selon l'auteur spécialiste des vins Tony Aspler, le Pr Abraham Izak Perold, chef du département de viticulture et d'œnologie à l'université Stellenbosch, s'est rendu en France à la recherche de bonnes idées. Il y a appris que le vin Hermitage, de la région du Rhône, servait souvent à renforcer les pinots noirs médiocres en Bourgogne. L'Hermitage est produit à partir de la syrah. Il existait un cépage semblable en Afrique du Sud, le cinsaut (épellation différente du cinsault d'Europe). Perold a dû réfléchir à la question durant toute la Première Guerre mondiale. Ce n'est qu'en 1924 qu'il a tenté de croiser le pinot noir et le cinsaut dans le petit terrain bordant sa résidence sur le campus. Négligés, presque oubliés, les trois plants de croisement survivants ont été découverts en 1932 par un étudiant, Christian Theron. Theron a réussi à en greffer un, dont est issu le pinotage d'aujourd'hui, qui couvre 2500 hectares.

Même si le pinotage est maintenant la plus grande réussite vinicole d'Afrique du Sud, les débuts ont été difficiles. Ce raisin n'a pas été cultivé à des fins commerciales avant 1951. Les pinotages ont bientôt commencé à remporter des prix, mais les viticulteurs boers, ancrés dans leurs traditions, demeuraient sceptiques. Le bouquet du pinotage est si puissant qu'il a tendance à couvrir tout autre raisin avec lequel il est mélangé. Selon ces viticulteurs, le pinotage n'avait pas la classe du cabernet sauvignon ou du merlot. Après des montées et des chutes de popularité, le pinotage a enfin trouvé sa place. Il produit un vin violet foncé au bouquet riche et au goût digne de son ancêtre bourguignon. Sans doute en raison du croisement avec le pinot noir, son taux de resveratrol est substantiel.

Voici quelques noms de vins sud-africains à noter:

Backsberg Pinotage	B
Saxenburg Merlot, Stellenbosch	C
Capelands Merlot	C
Bellingham Pinotage	B

Paarl Pinotage	B
Meerendal Pinotage	C
Kleindal Pinotage, Vinimark, Robertson	B
Table Mountain Pinot Noir	B
Kanonkop Pinotage	C
Neetlingshof Pinotage	C

Les vins suivants ont également été classés comme pinotages supérieurs par Tony Aspler au cours de sa tournée des vignobles sud-africains de 1995. Ils valent la peine d'être recherchés, même si je n'ai pas d'information sur leur prix de vente: Cathedral Cellars, Clos Malverne, Diemersdal, Groot Constantia, Jacobsdal, Middelvlei, Saxenburg, Simonsig, Eesterivier, Lanzerac et Vlottenburg.

CHILI

Les vins rouges du Chili, solides et savoureux, sont l'une des plus grandes découvertes de ces dernières années dans le monde du vin. Ils sont en vente partout et on les apprécie tant pour leur qualité que pour leur prix abordable. Même si leurs noms sont parfois exotiques, les cépages dont ils sont issus nous sont familiers: cabernet sauvignon, pinot noir, merlot et malbec. Il nous est donc pénible de rapporter que ces vins, de même que les vins d'Argentine, n'ont pas présenté de taux élevés de resveratrol au cours des analyses. Les vins sud-américains, surtout issus du cépage cabernet sauvignon, ont présenté des taux de 0,54 à 4,95 mg/L. Un merlot du Chili, où l'on produit du vin depuis le XVIe siècle, s'est démarqué des autres et les pinots noirs, comme d'habitude, ont obtenu de bons résultats. Personnellement, je ne laisserais pas la faiblesse du taux de resveratrol me priver de mes vins chiliens préférés. Qui sait? De bonnes nouvelles sur leur teneur en antioxydants pourraient nous arriver un jour.

Voici quelques noms à retenir:

Santa Carolina Merlot	B
Cono Sur Pinot Noir	B
Cono Sur Pinot Noir Reserve	C
Carmen Merlot Reserve	B
Errazuriz Merlot	B
Montes Merlot	B
Concha Y Toro Merlot	B

Cousino Macul Merlot	C
San Pedro Merlot	B
Santa Rita Merlot	C
Tocornal Pinot Noir	B

EUROPE CENTRALE

Taux moyen de trans-resveratrol: 3,26 mg/L

Les vins analysés, provenant de la Hongrie, de la Bulgarie et de la Slovaquie, étaient issus des cépages suivants: cabernet sauvignon, merlot, cinsault et zweigelt. Les vins de la Hongrie et de la Bulgarie ont obtenu les meilleurs résultats. La Roumanie est un producteur important de pinot noir.

Voici quelques vins dignes de mention:

BULGARIE

Burgas Country Red Cabernet Merlot	A
Lovico Suhindol Merlot Reserve	B
Bulgarian Merlot, Haskovo Region	B
Lyaskovets Reserve Merlot	B
Bulgarian Reserve Merlot, Lovico Suhindol Region	A
Bulgarian Stambolovo Special Reserve Merlot	B
Bulgarian Vintage Premiere Merlot, Iambol Region	A
Bulgarian Country Wine, Merlot/Pinot Noir, Sliven	A
Oriachovitza Barrel-Aged Merlot Vintage Premiere	A
Merlot Reserve Sofia	A

ROUMANIE

Romanian Country Red Pinot Noir/Merlot	A
Simburesti Pinot Noir	A
Rovinex Pinot Noir	A
Premiat Merlot	A

HONGRIE

Hungarian Merlot, Hungarian Country Wine	A
Chapel Hill Merlot	A
St. Stephan's Merlot, Hungarovin	A
Pinot Noir, Hungarovin	A

SUISSE

Même si la présence des vins suisses est négligeable sur le marché nord-américain — les Suisses consomment presque toute leur excellente production, empêchant le reste du monde d'en profiter —, le raisin pinot noir qui pousse sur les pentes suisses est tout aussi riche en resveratrol que ses cousins de l'Oregon. Six vins suisses ont présenté des taux de 5,0 à 12,3 mg/L. Ne l'oubliez pas la prochaine fois que vous irez faire du ski ou de l'alpinisme dans ce pays.

CHAPITRE 6

«UN PEU DE VIN POUR TES INDISPOSITIONS»

ACCIDENT CÉRÉBROVASCULAIRE

L'accident cérébrovasculaire est la troisième cause de décès en Amérique du Nord, après les cardiopathies et le cancer. Il se produit quand le cerveau est privé de sang, donc de l'oxygène que celui-ci transporte. Cette interruption de la circulation sanguine peut avoir plusieurs causes: le blocage d'une artère irriguant le cerveau, par exemple, ou l'éclatement d'une veine entraînant une hémorragie. Privés d'oxygène, les neurones meurent au bout de quelques minutes, causant une paralysie partielle, des troubles de la parole et du langage, ainsi que d'autres conséquences malheureuses dont la plupart d'entre nous ont été témoins chez des personnes de leur entourage. Les accidents cérébrovasculaires causés par un caillot oblitérant une artère sont appelés accidents ischémiques et sont de loin les plus courants, puisqu'ils représentent de 70 à 80 p. 100 de tous les accidents cérébrovasculaires. Ce sont les cousins des maladies coronariennes; dans les deux cas, les caillots sont dus à l'occlusion graduelle des artères: l'athérosclérose.

Dans les maladies du cœur, le caillot se forme dans l'artère coronarienne, bloque l'irrigation du cœur et nuit à son fonctionnement; dans l'accident ischémique, le caillot se forme dans une artère d'irrigation du cerveau (thrombose cérébrale). Il existe un second type d'accident cérébrovasculaire, plus rare celui-là, appelé embolie cérébrale, dans lequel le caillot est circulant. Il se forme quelque part dans l'organisme, généralement dans le cœur, puis circule jusqu'au cerveau, qu'il endommage.

Les deux autres types d'accidents, que vous pourriez comparer à une rupture de la tuyauterie de votre maison et à son inondation, sont appelés accidents hémorragiques. L'hémorragie méningée, qui représente 7 p. 100 de tous les accidents cérébrovasculaires, se produit quand, à la surface du cerveau, un vaisseau se rompt et laisse le sang pénétrer dans l'espace séparant le cerveau de la boîte crânienne. L'hémorragie cérébrale, elle, est due à l'éclatement d'un vaisseau sanguin situé dans le cerveau, à la suite d'un traumatisme crânien ou de la rupture d'un anévrisme (partie affaiblie et gonflée de la paroi artérielle). Elle représente 10 p. 100 de tous les accidents cérébrovasculaires.

L'accident hémorragique est le plus redoutable: la pression exercée sur le cerveau par l'épanchement sanguin entraîne la mort dans la moitié des cas. Toutefois, si vous survivez, le rétablissement sera plus rapide que si vous aviez eu un accident dû à un caillot. Cela peut vous sembler bien compliqué, mais tout se simplifie quand on en vient à parler de l'effet de l'alcool sur les accidents cérébrovasculaires.

Vous souvenez-vous que la consommation modérée d'alcool contribue à protéger le cœur en renforçant le «bon» cholestérol HDL et en réduisant l'agrégation plaquettaire qui entraîne la formation de caillots? Selon beaucoup de chercheurs, ce même effet se produit dans le cas des accidents ischémiques, qui sont de loin les plus fréquents. Si avoir du sang qui circule bien et qui ne risque pas de se coaguler est bon pour le cœur, ce l'est aussi pour prévenir l'arrivée d'un caillot au cerveau. Par contre, en cas d'hémorragie cérébrale, il faut absolument que le sang se coagule, faute de quoi il continuera de s'épancher et les lésions s'aggraveront. Par conséquent, l'effet même qui est bénéfique dans la prévention d'un accident ischémique est potentiellement mauvais dans le cas de l'accident hémorragique.

Il y a déjà deux siècles que les médecins ont observé que les grands buveurs courent plus de risques de mourir d'un accident cérébrovasculaire, et cette observation a influencé la plupart des recherches sur le sujet jusqu'à ces dernières années. Les dangers d'une consommation excessive d'alcool ne font aucun doute: les plus récentes enquêtes révèlent que le grand buveur court trois fois plus de risques de subir une attaque hémorragique que le non-buveur. Il est facile de comprendre pourquoi. La consommation excessive d'alcool élève la tension artérielle. Supposez que l'on pompe trop d'eau dans les tuyaux de votre vieille maison et imaginez ce qui se produira quand la pression rencontrera un point faible.

L'hypertension artérielle est le premier facteur de risque pour ce qui est des accidents cérébrovasculaires. Du fait qu'il est plus difficile de distinguer les divers types d'accidents, surtout dans les cas de décès, où une autopsie serait nécessaire, les résultats des recherches sur la relation entre une faible consommation d'alcool et les accidents cérébrovasculaires n'ont pas été aussi nettement définis que ceux des recherches sur la maladie coronarienne. En 1986, à Birmingham, en Angleterre, une équipe hospitalière a jeté un peu de lumière sur le sujet. Ces chercheurs, ayant comparé 230 victimes d'accidents cérébrovasculaires avec d'autres patients, ont constaté que, dans le cas des sujets qui avaient consommé juste un peu plus d'un verre d'alcool par jour, les risques d'un tel accident étaient réduits de 50 p. 100. Devant la contestation de ses résultats d'enquête, l'équipe a procédé à une analyse comparative beaucoup plus vaste, pour en arriver aux mêmes résultats.

Le Dr Arthur Klatsky, cardiologue à Oakland, en Californie, rapportait en 1989 que, chez les personnes qui consommaient un ou deux verres par jour, les risques d'un accident hémorragique étaient réduits de 25 p. 100 par rapport aux abstinents. Mais si elles buvaient trois verres ou plus, les probabilités se retournaient contre elles et les risques d'accident cérébrovasculaire devenaient alors d'environ 40 p. 100 supérieurs à ceux que couraient les abstinents.

Klatsky avait constaté que les effets bénéfiques les plus marqués concernaient les accidents de nature ischémique (causés par un caillot): les faibles buveurs réduisaient le risque de 60 p. 100, tandis que ceux qui consommaient trois verres ou plus par jour les réduisaient de 50 p. 100. Klatsky déclarait toutefois qu'il ne fallait pas tirer trop de conclusions d'une seule étude. Mais les éléments de preuve ont continué de s'accumuler, surtout grâce à l'étude danoise qui a indiqué que les personnes qui boivent de trois à cinq verres de vin par jour réduisent de 60 p. 100 les probabilités de mourir d'un accident cérébrovasculaire.

Le Dr Carlos A. Camargo, de l'hôpital Brigham and Women's de Boston, sommité mondiale dans le domaine, m'a appris que l'étude dite U. S. Nurses Health Study, qui portait sur 87 000 infirmiers et infirmières, avait révélé une réduction du nombre d'accidents de nature ischémique chez les sujets qui consommaient un verre par jour ou moins, mais une augmentation du nombre d'accidents hémorragiques même si la consommation était modérée. Par contre, une étude de l'Association américaine de lutte contre le cancer portant sur 250 000 sujets a révélé qu'une faible consommation réduisait le nombre total d'accidents cérébrovasculaires. «Il n'y a pas beaucoup d'éléments de preuve voulant que la consommation modérée ait un effet négatif sur le nombre total d'accidents, dit-il. Pour ce qui est de la nature de la boisson alcoolisée, certains éléments indiquent que le vin rouge est peut-être très bénéfique.»

Des études menées à Bordeaux laissent supposer que la consommation d'un ou deux verres de vin par jour réduit les risques d'accident ischémique, bien que l'efficacité plus grande du vin par rapport aux autres boissons alcoolisées ne soit pas clairement établie. Curieusement, quand le Dr Camargo a recensé la documentation médicale sur le sujet, il a constaté que seuls les Japonais ne semblent pas tirer de la consommation modérée d'alcool une protection contre les accidents cérébrovasculaires. Autre anomalie: les Afro-Américains, les habitants des îles du Pacifique asiatique et les personnes d'origine hispanique connaissent tous un nombre plus élevé d'accidents cérébrovasculaires que les populations dites blanches. Le profil de la courbe en U semblerait s'appliquer surtout aux populations blanches pour ce qui est des accidents cérébrovasculaires.

Alors, que devriez-vous faire? Les preuves ne sont pas encore assez concluantes pour que l'on pense qu'une faible consommation d'alcool vous protège contre tous les types d'accidents cérébrovasculaires. Elle pourrait toutefois vous protéger contre l'accident ischémique et, comme ce type d'accident vous menace quatre fois plus que les autres types, les chances sont de votre côté. Si vous consommez de modestes quantités d'alcool pour vous protéger contre la maladie coronarienne, vous n'avez sans doute aucune raison de craindre d'augmenter ainsi le risque d'accident cérébrovasculaire. Ce qu'indiquent clairement les études sur la relation entre l'alcool et ce type d'accident, c'est que la consommation excessive présente des risques énormes; cela démontre encore une fois que les bienfaits pour la santé de la consommation de vin ou d'autre types d'alcool n'existent que si cette consommation est modérée.

Quels sont les autres facteurs de risque d'accident cérébrovasculaire? Certains sont impossibles à éviter: le vieillissement, le fait d'être un homme plutôt qu'une femme et les antécédents familiaux. L'usage du tabac, comme toujours, constitue un risque, mais ce risque est encore plus grave pour les femmes qui prennent la pilule anticonceptionnelle. Fait étonnant, les maladies du cœur constituent elles aussi un risque. Si vous en souffrez, vous risquez davantage l'accident cérébrovasculaire. Par conséquent, tous les facteurs de risque de la maladie coronarienne — taux élevé de cholestérol et hypertension, par exemple — s'appliquent également à l'accident cérébrovasculaire. Que devriez-vous faire pour éviter un tel accident? D'abord et avant tout, faites régulièrement vérifier votre tension artérielle et, si elle est trop élevée, prenez soin de la contrôler. Manger sainement et faire de l'exercice pourraient suffire à la rétablir. De plus, soyez conscient des signes avant-coureurs de l'accident cérébrovasculaire:

- Affaiblissement soudain ou perte de la vue, surtout d'un seul œil

- Perte de la parole ou difficulté à comprendre les autres

- Affaiblissement ou engourdissement soudain d'une partie du visage, d'un bras, d'une jambe ou de tout un côté du corps

- Étourdissement soudain, voire chute inexplicable

- Maux de tête violents et soudains, sans cause connue.

Vous devriez aussi savoir qu'environ 10 p. 100 des accidents cérébrovasculaires sont précédés de «petits accidents» — comme les légères secousses qui précèdent un tremblement de terre. Ces petits avertissements, qui durent généralement environ une minute, sont causés par un caillot sanguin qui bloque temporairement le passage du sang dans une artère menant au cerveau. Les symptômes sont alors semblables à ceux d'un véritable accident cérébrovasculaire. Comme dans le cas des symptômes d'un accident cérébrovasculaire, la seule chose à faire est d'appeler immédiatement un médecin ou de se rendre à l'hôpital le plus vite possible.

GARDER UNE BONNE TENSION ARTÉRIELLE

En Amérique du Nord, une personne sur quatre est atteinte d'une affection dangereuse: l'hypertension artérielle. Dangereuse, parce que l'hypertension est l'indicateur le plus sûr de la possibilité d'une crise cardiaque ou d'un accident cérébrovasculaire. L'hypertension, c'est le signal d'alarme que la nature nous envoie pour nous avertir d'un grave danger. Quand la tension artérielle monte, on peut dire que notre corps nous presse de mieux prendre soin de nous-mêmes. Mais, la plupart du temps, nul ne l'écoute.

Un sondage mené auprès de 20 000 Canadiens a révélé, en 1990, que plus de 15 p. 100 des femmes et 33 p. 100 des hommes atteints d'hypertension ne sont même pas au courant de leur situation. La tension artérielle monte avec l'âge, mais des personnes jeunes peuvent aussi souffrir d'hypertension. C'est sur ces dernières que les statistiques sont le plus troublantes, surtout chez les hommes: dans la tranche d'âge de 18 à 34 ans, 57 p. 100 des hommes souffrant d'hypertension ne sont pas conscients de leur état. Dans le cas des femmes, qui accordent peut-être plus d'attention à leur santé, le pourcentage est beaucoup plus faible: 14 p. 100.

Ce qu'il y a de plus surprenant, toutefois, c'est que 59 p. 100 des personnes conscientes de leur hypertension ne se font pas soigner. Et pour un bon pourcentage des autres, l'hypertension est considérée comme soignée mais non contrôlée, ce qui signifie dans bien des cas que les sujets ne suivent pas les conseils de leur médecin ou ne prennent pas leurs médicaments.

La situation au Canada n'est pas unique. Des études réalisées aux États-Unis, en Grande-Bretagne, en Australie et dans d'autres pays développés révèlent la même chose. Ce qui rend ces résultats si frustrants pour la profession médicale, c'est que l'hypertension, contrairement à bon nombre des facteurs contribuant aux maladies cardiovasculaires, est presque toujours rectifiable. Les recommandations standard faites aux hypertendus sont d'éviter le sel, de maigrir, de faire de l'exercice physique et de ne pas abuser de l'alcool. Le médecin peut aussi prescrire toute une gamme de médicaments hypotenseurs.

Comme l'hypertension ne s'accompagne d'aucun symptôme, il faut toujours prendre ses médicaments. Ne faites pas comme ma chère belle-mère, qui me manque encore cruellement: elle ne prenait ses médicaments que lorsqu'elle y pensait. Un anévrisme l'a emportée. L'hypertension nous intéresse au premier chef parce que, après l'obésité, l'abus d'alcool est l'un des facteurs les plus importants contribuant à l'hypertension. On estime que de 7 à 11 p. 100 des cas d'hypertension chez les hommes sont causés par l'abus d'alcool. Chez les femmes, ce chiffre est plus faible, du fait qu'elles boivent généralement beaucoup moins que les hommes.

Le médecin français Camille Lian a été le premier à flairer un lien entre l'alcool et l'hypertension. Au cours de la Première Guerre mondiale, il a mesuré la tension de soldats qui étaient des buveurs «modérés» (jusqu'à 2 litres de vin par jour), celle de soldats grands buveurs (de 2 à 3 litres par jour) et celle de très grands buveurs (plus de 3 litres par jour). Après tant de libations, on serait porté à croire que l'hypertension aurait été le moindre des problèmes de ces soldats! Le Dr Lian a constaté que les plus grands buveurs étaient le plus sujets à l'hypertension.

Quelle est la cause de l'hypertension? En plus de l'âge, de l'apport de sel, de l'obésité et de l'abus d'alcool, d'autres facteurs entrent en jeu: l'hérédité, le durcissement des artères (athérosclérose) et la contraction des artérioles. Toutefois, la plupart des médecins reconnaissent que, dans la majorité des cas, ils n'ont aucune idée de la cause réelle. Par contre, les effets de l'hypertension sont bien connus. Le cœur doit pomper plus fort pour faire circuler le sang dans l'organisme; cet effort supplémentaire exerce de fortes contraintes sur le cœur lui-même et sur les artères. Il peut en résulter un grossissement du cœur et il est probable que les artères seront endommagées par les contraintes subies.

Dans un livre chantant les louanges des effets bénéfiques du vin sur la santé, la question se pose: du point de vue de l'hypertension, quand parle-t-on d'une consommation excessive? Des douzaines d'études ont été menées à ce sujet, dont les conclusions sont contradictoires. Dès 1977, le Dr Klatsky avait constaté l'existence d'une courbe en U ou en J pour l'hypertension chez les femmes consommatrices d'alcool, mais pas chez les hommes. Autrement dit, les femmes qui boivent modérément courent un peu moins de risques d'hypertension que celles qui ne boivent pas du tout ou qui boivent à l'excès.

Certaines études — en Allemagne, en Nouvelle-Zélande et en Australie — ont aussi révélé une courbe en U ou en J. Mais les preuves qu'une faible consommation provoque une réduction modeste de la tension artérielle sont beaucoup moins convaincantes que celles de la réduction de la maladie coronarienne par une consommation modérée d'alcool. Les recherches ont donc tendance à se concentrer sur le seuil de consommation au-delà duquel la tension artérielle monte de façon appréciable.

À une conférence à Toronto, en décembre 1994, le Dr Klatsky, qui passait en revue les preuves accumulées jusqu'alors, a déclaré qu'un ou deux verres standard par jour ne faisaient monter que très légèrement la tension artérielle. Où se trouve le seuil de danger? Une enquête internationale menée en 1993 place le seuil de danger — au-delà duquel la tension artérielle monte considérablement — à 30 grammes d'alcool par jour, c'est-à-dire à 2,5 verres standard.

Un groupe d'étude britannique est arrivé à une conclusion semblable au sujet de la tension artérielle. Il a placé le seuil de danger à 4 unités britanniques par jour, c'est-à-dire environ 2,5 verres. Pour ce qui est de la nature de la boisson, Klatsky affirme que l'augmentation de la pression diastolique (entre deux contractions cardiaques) est la même pour le vin, la bière et les spiritueux. Mais la pression systolique (durant la contraction du cœur) est plus élevée pour les spiritueux et moins élevée pour le vin, la bière se trouvant entre les deux. «Le vin pourrait comporter un avantage», dit Klatsky, en s'empressant d'ajouter sa mise en garde habituelle: «En Amérique du Nord, les buveurs de vin sont généralement en meilleure santé physique et financière que les consommateurs de bière et de spiritueux. Parmi ceux qui privilégient le vin, on trouve surtout des femmes, des personnes qui ne boivent pas à l'excès, des personnes qui fument peu, qui sont plus instruites et qui présentent moins de symptômes que les autres.» Klatsky fait sienne la recommandation du groupe américain d'éducation en matière d'hypertension selon laquelle il ne faut pas dépasser les deux verres par jour. Selon lui, on devrait conseiller à l'hypertendu qui boit trois verres ou plus par jour de réduire sa consommation ou de s'abstenir.

Le jeu en vaut-il la chandelle? Klatsky affirme que la protection qu'une consommation légère ou modérée fournit contre la maladie coronarienne est de loin plus importante que la faible et hypothétique augmentation des risques d'hypertension.

CANCER: CROIRE À L'IMPOSSIBLE

C'était un jour d'hiver frais et brumeux, dans la Napa Valley. Mes compagnons de visite à la vinerie Robert Mondavi portaient chandails et manteaux. Nous avions pour guide un homme grand et élancé, Peter Dahl, à qui son stetson noir donnait des airs de Gary Cooper. Après la visite du petit musée de la famille Mondavi, installé dans la vinerie genre mission espagnole, après avoir vu le traitement des grappes et examiné les luxueux fûts de chêne français dans lesquels on laisse vieillir le vin, nous avions tous hâte d'en arriver au moment fort de la visite: la dégustation.

Nous n'avons pas été déçus. Peter a ouvert une grande porte de chêne et nos visages se sont illuminés en apercevant le beau feu de bois et la table regorgeant des meilleurs vins Mondavi. La surprise, nous l'avons eue quand il a refermé la porte derrière nous et que nous y avons vu la grande enseigne que la loi californienne exige d'afficher: «Avertissement: La consommation de spiritueux, de bières, de coolers et d'autres boissons alcoolisées peut augmenter les risques de cancer et, durant la grossesse, causer des difformités congénitales.»

Nous étions témoins de l'un des effets de ce qu'il est convenu d'appeler le mouvement «néo-prohibitionniste» américain. Les néo-prohibitionnistes constituent une force majeure composée de fondamentalistes religieux, de groupes de pression comme les Mothers Against Drunk Driving, de moralistes à l'ancienne brandissant le bouclier de la science (par exemple, le Center for Science in the Public Interest) et de bureaucrates qui ont fait carrière en mettant les gens en garde contre les dangers de l'alcool, réels ou imaginaires.

Peter Dahl nous a versé de petits échantillons d'un chardonnay assez savoureux provenant d'une bouteille élégante à la bague proéminente, ressemblant aux bouteilles des siècles passés. La beauté de la bouteille était quelque peu compromise par les longs avertissements formulés sur l'étiquette, conformément à la loi: «Avertissement: 1. Selon le Chef du Service fédéral de la santé publique, les femmes doivent s'abstenir de consommer des boissons alcoolisées durant la grossesse, à cause des risques de difformités congénitales. 2. La consommation de boissons alcoolisées réduit la capacité de conduire un véhicule ou d'utiliser des machines, et elle peut causer des problèmes de santé. Contient des sulfites.»

Les Européens qui viennent en Amérique du Nord, plus particulièrement quand ils se rendent aux États-Unis, sont étonnés et consternés par l'attitude puritaine qui a cours relativement à l'alcool. Après tout, les avertissements imposés par le gouvernement américain ne sont pas imprimés sur une quelconque drogue miracle découverte hier, mais sur une boisson qui réconforte la race humaine depuis 5000 ans ou plus, sans effets néfastes apparents — *quand elle est consommée avec modération.*

Les Européens ne devraient pas être si étonnés. Le bureau européen de l'Organisation mondiale de la santé (OMS), installé à Genève, présente la même attitude que le gouvernement américain. Et, des deux côtés de l'Atlantique, on brandit le spectre du cancer pour faire peur aux gens et les empêcher de consommer même modérément du vin ou d'autres boissons alcoolisées.

En Californie, un nouveau principe démocratique surprenant a été établi: la vérité scientifique est déterminée non par l'analyse consciencieuse des preuves assurée par les spécialistes du domaine, mais plutôt par un scrutin populaire. En effet, avec la Proposition 65, les habitants de la Californie ont déclaré que l'alcool est cancérigène. En 1987, le CIRC (Centre international de recherche sur le cancer), qui fait partie de l'OMS, publiait la déclaration suivante: «Il existe un lien de cause à effet entre la consommation de boissons alcoolisées et les cancers de la cavité buccale, du pharynx, du larynx, de l'œsophage et du foie.» Il faut le reconnaître, le CIRC ajoutait que ces cancers sont plutôt rares.

Quelle est la réalité? «Selon les épreuves standard en laboratoire, l'éthanol [alcool] n'est pas une substance cancérigène», rapportent en 1993 Richard Doll et ses collègues d'Oxford, de Suisse et des Pays-Bas, après avoir examiné les éléments de preuve qui sont censés relier la consommation d'alcool et les cancers de l'appareil digestif. Le Dr Emmanuel Rubin, titulaire de la chaire de pathologie et de biologie cellulaire au Jefferson Medical College de Philadelphie, a rejeté la déclaration du CIRC. Selon lui, la recherche sur laquelle se fondait cette conclusion était «inconsistante et limitée», et les études menées sur des animaux ne la corroboraient pas.

Le Dr Rubin, un expert dans le domaine, rapporte que le cancer n'est jamais apparu chez des animaux de laboratoire ayant reçu l'équivalent de quatre bouteilles de whisky par jour pendant toute leur vie. «Presque toutes les substances cancérigènes, dit-il, sont mutagènes, c'est-à-dire qu'elles provoquent la mutation ou dissociation de l'ADN, code de la vie.» Il ajoute que, dans tous les tests effectués, l'alcool ne s'est jamais révélé mutagène.

L'alcool est-il une substance promotrice de cancer? Certaines substances ne sont pas cancérigènes, mais stimulent la prolifération des cellules cancéreuses et fixent la mutation. On dit alors qu'elles sont des substances promotrices. Selon le Dr Rubin, «il est peu probable que l'alcool soit une substance promotrice».

Comment expliquer alors que les très gros buveurs soient très exposés au cancer de l'appareil digestif, surtout au cancer de l'œsophage, conduit interposé entre le pharynx et l'estomac? Quelle est la cause de ce cancer, sinon l'alcool? Le Dr Rubin propose une explication: l'usage du tabac. Les études révèlent que les grands buveurs ont tendance à beaucoup fumer. Il est pratiquement impossible de distinguer les effets de l'usage excessif du tabac et de l'alcool, parce qu'ils vont presque toujours de pair. Tout ce que l'on peut dire, c'est que la consommation excessive d'alcool et l'usage de la cigarette ont l'un sur l'autre un effet multiplicateur.

John Duffy, statisticien du groupe de recherche sur l'alcool de l'université d'Édimbourg, avance que 45 p. 100 des cancers du larynx et de la cavité buccale ainsi que 35 p. 100 des cancers du foie sont reliés à l'alcool. L'usage du tabac expliquerait cela. Il faut ajouter que ces cancers, même s'ils sont tragiques pour ceux qui en sont atteints, sont moins fréquents que les autres types de cancer. Les cancers buccaux, par exemple, tueront 1080 Canadiens en 1995, tandis que les cancers du poumon feront 16 800 victimes!

Dans le cas des non-fumeurs, selon l'étude de Richard Doll, le risque est faible, «à moins que la consommation [d'alcool] ne soit exceptionnellement élevée». Les spécialistes affirment que, même dans ce cas, le risque peut être réduit par une alimentation riche en fruits et en légumes verts. Imaginez la scène: «Barman, un autre double scotch... et une assiette de brocoli!»

Il existe une anomalie géographique relativement au cancer. Une zone de forte incidence du cancer de l'œsophage traverse l'Asie de la mer Caspienne jusqu'au nord de la Chine, où les taux sont souvent 100 fois plus élevés qu'en Europe. Une incidence élevée frappe certains villages du nord de l'Irak, où la population ne fume ni ne boit. Des hommes de science chinois ont constaté que les habitants de ces régions relativement froides sèchent les légumes feuillus pour les consommer l'hiver. Quand les feuilles séchées sont plongées dans l'eau avant leur consommation, elles produisent du NDMNA, un cancérigène puissant.

Selon le Dr Rubin, le cancer de l'œsophage chez les buveurs excessifs serait causé par le reflux gastro-œsophagien, c'est-à-dire la régurgitation des aliments et des sucs gastriques dans la partie inférieure de l'œsophage. Certains ont avancé que l'alcool provoque aussi le cancer du foie. Le Dr Rubin déclare que cette question a été réglée: une consommation excessive d'alcool entraîne la cirrhose chez une majorité de grands buveurs et, dans de rares cas, la cirrhose cause le cancer du foie. Voilà que le message est répété: la consommation excessive d'alcool est néfaste pour la santé et peut vous coûter la vie.

Y a-t-il un lien entre la consommation modérée d'alcool et le cancer? Ici, les nouvelles sont plus encourageantes. Une étude menée en 1990 par l'Association américaine de lutte contre le cancer, portant sur 250 000 sujets, révèle que ceux qui boivent un verre ou moins par jour réduisent en fait le risque de cancer d'environ 10 p. 100. Encore une fois, l'individu doit équilibrer les risques. Selon une étude réalisée en 1981 par Richard Doll et un collègue chercheur, la consommation excessive d'alcool est un facteur contribuant à 3 p. 100 des décès d'Américains dus au cancer — exactement le même pourcentage que les «facteurs géophysiques», comme le fait de vivre à haute altitude. Par contre, les maladies cardiovasculaires, contre lesquelles la consommation modérée d'alcool est une arme importante, emportent chaque année 76 000 Canadiens et près d'un million d'Américains.

CANCER DU SEIN: PAS DE RÉPONSE ENCORE

En 1987, le *New England Journal of Medicine* causait une commotion dans le monde médical. Pas une, mais deux études qui y étaient publiées établissaient un lien entre le cancer du sein et la consommation d'alcool. L'étude de l'Institut national du cancer laissait entendre que, même pour les buveuses modérées, le risque de cancer du sein était augmenté dans une proportion allant de 50 p. 100 à 100 p. 100. La seconde étude, préparée par le Dr Walter Willett et ses collègues de la faculté de médecine de Harvard, portait sur presque 100 000 infirmières, dont on avait consigné le régime alimentaire et la consommation d'alcool pendant un certain nombre d'années. Conclusions de cette étude: le risque de cancer du sein est légèrement aggravé pour les femmes qui consomment un verre de bière ou de spiritueux par jour, et il n'y a aucune augmentation du risque pour les femmes qui boivent un verre de vin par jour. (En toute justice, ajoutons que le Dr Willett a rapporté, en 1993, à la suite d'une étude moins précise portant sur des Espagnoles atteintes d'un cancer du sein, qu'il avait constaté la même augmentation du risque chez les buveuses de vin.)

La publication de ces études ainsi que de l'éditorial qui les accompagnait a suscité beaucoup d'intérêt chez les médecins — et beaucoup d'inquiétude chez les buveuses. Si les conclusions des chercheurs étaient exactes, il y avait de quoi s'inquiéter. Tandis que les cancers de l'appareil digestif reliés à une forte consommation d'alcool sont rares, le cancer du sein est l'un des deux cancers les plus fréquents (avec le cancer du poumon) chez les femmes des pays développés. De nombreuses recherches ont suivi, mais les réponses se sont révélées difficiles à trouver. On compte maintenant une bonne cinquantaine d'études épidémiologiques, sans qu'on ait trouvé de confirmation concluante.

Une partie du problème, c'est le fait que le cancer — particulièrement celui du sein — ait été relié à presque toutes les causes imaginables. Parmi les facteurs de risque bien connus, on compte les cas de cancer du sein dans la famille, le fait d'être célibataire, la précocité de la première menstruation, une première grossesse tardive ou aucune grossesse, le fait de ne pas allaiter, une ménopause tardive et une forte corpulence à 30 ans. En outre, sachant que l'alimentation joue un rôle dans 35 p. 100 de tous les cas de cancer, vous pourriez apprendre que c'est quelque chose que vous mangiez il y a 20 ans qui vous faisait courir le plus grand risque. Faut-il s'étonner que le lien entre l'alcool et le cancer du sein ait été soit difficile à établir, soit difficile à nier?

Les médecins se montrent donc extrêmement prudents dans leurs conseils. «Il est fort possible, m'a dit Richard Doll, que l'alcool modifie le métabolisme de l'œstrogène. Il est donc possible que l'alcool augmente le risque de cancer du sein en modifiant la circulation des hormones sexuelles de la femme. Mais la question n'est pas encore réglée. On ne sait pas encore si cet effet ne serait pas le résultat d'une interaction avec d'autres éléments du régime alimentaire. Je pense donc qu'il faut s'en tenir à dire ceci: pour que les femmes tirent des bienfaits de l'alcool, elles devraient en consommer moins que les hommes.» Il a précisé que les femmes devraient se limiter à un verre ou un verre et demi d'alcool par jour.

Deux chercheurs américains, les Drs Arthur Schatzkin et Matthew Longnecker, ont fait remarquer que le cancer du sein, qui a fait 46 000 victimes aux États-Unis en 1993 (au Canada, on prévoit que 5600 Canadiennes en mourront en 1995), est en hausse. Cette hausse peut en partie s'expliquer par le fait que les femmes subissent de plus en plus de mammographies et que, par conséquent, de plus en plus de cas sont détectés. Après analyse de toutes les études publiées, les deux chercheurs ont conclu qu'il y a une augmentation très faible du risque pour les femmes qui consomment deux verres par jour. «Une relation de cause à effet entre l'alcool et le cancer du sein n'a pas été établie, écrivent-ils. Cependant, les études épidémiologiques et d'autres types de preuves nous laissent croire que le lien existe.» Ils ajoutent que, si l'alcool constitue un risque, au moins il est facile à éviter, contrairement aux autres facteurs de risque.

Le Dr Moira Plant, membre du groupe d'étude sur l'alcool de l'université d'Édimbourg, croit qu'il est peu probable qu'un lien soit établi entre la consommation d'alcool et le cancer du sein, étant donné l'existence de nombreuses recherches qui n'y sont pas parvenues à ce jour. «Il ne semble pas, m'a-t-elle confié, que l'alcool, surtout eu égard à la quantité que la plupart des femmes boivent, ait quelque effet que ce soit sur le cancer du sein.»

Que devraient donc faire les femmes? Dans le guide qu'il distribue à leur intention, Alcohol Concern, organisme de lutte et de prévention des toxicomanies financé par le gouvernement britannique, fait état des études réalisées et précise que d'autres facteurs de risque de cancer du sein sont beaucoup plus sérieux. Même si aucun lien n'a été établi, l'organisme conseille aux femmes, vraisemblablement aux femmes qui boivent de l'alcool, d'examiner régulièrement leurs seins pour y détecter tout changement ou toute masse suspecte.

Une étude qui fait autorité, menée en 1993 par des chercheurs britanniques et néerlandais, a conclu, comme la plupart des autres études, qu'«il est possible qu'un lien faible existe entre la consommation d'alcool et le cancer du sein». Mais cette étude a également conclu ceci: «Recommander aux femmes de limiter leur consommation d'alcool spécifiquement dans le but de réduire le risque de cancer du sein n'est ni appuyé ni justifié par les données épidémiologiques actuelles.»

LES FEMMES ET L'ALCOOL: DES CRAINTES PARALYSANTES

Pour la femme qui aime prendre un verre, la décennie a été éprouvante. On dirait que les chercheurs se sont donné le mot pour susciter chez les femmes culpabilité et anxiété. Au Canada et aux États-Unis, les femmes se sont fait dire qu'elles risquaient de faire du mal à leur enfant si elles buvaient, même modérément, durant la grossesse. Les femmes qui allaitent et qui prennent un verre de vin s'attirent des remarques. En Europe aussi, les jeunes femmes qui boivent, fût-ce occasionnellement, se font avertir qu'elles s'exposent au risque de cancer du sein — même si, comme nous l'avons vu plus tôt, il semble y avoir peu, sinon pas du tout, de risque à le faire.

Des médecins américains rapportent que certaines femmes craignent à tel point que leur enfant naisse difforme que, même après une consommation modérée d'alcool, elles demandent un avortement. Et certains médecins, sans doute influencés malgré eux par l'atmosphère de panique, disent à leurs patientes, enceintes ou non: «Pourquoi boire? L'alcool ne peut vous faire aucun bien et il risque de vous faire du tort!»

Bien entendu, il faut tenir compte des effets néfastes possibles de l'alcool. Dans la vie, avant de prendre des décisions, il faut toujours s'informer. Les effets bénéfiques potentiels d'une faible consommation d'alcool méritent aussi l'attention. Premièrement — comme pour ce qui est de bien d'autres grandes questions la concernant —, la femme est libre et est l'égale de l'homme; elle a le droit de profiter des bonnes choses de la vie, tant qu'elles sont raisonnablement inoffensives, sans subir les regards réprobateurs et sans faire l'objet de reproches publics de la part de personnes qui sont animées par des motivations politiques.

Deuxièmement, il y a la question de la santé. Le thème majeur du présent ouvrage, c'est qu'une consommation modérée d'alcool, plus particulièrement de vin, offre une protection appréciable contre la maladie coronarienne — maladie la plus meurtrière chez les hommes comme chez les femmes. Cette protection apparaît à des stades différents de la vie chez l'homme et chez la femme. L'athérosclérose, comme nous l'avons vu, commence à s'installer pour de bon dans les artères de l'homme à partir de 30 ans, jusqu'à son point culminant au début de la cinquantaine. Chez les femmes, protégées par l'œstrogène durant leurs jeunes années, la crise cardiaque ne commence à faire de nombreuses victimes qu'après la ménopause.

Traditionnellement, les médecins ne se sont jamais beaucoup inquiétés du risque de crise cardiaque chez la femme non encore ménopausée. C'est ce qui explique en partie que, chez les jeunes femmes, il arrive souvent que l'on ne diagnostique pas une maladie du cœur ou une crise cardiaque — comme des études l'ont révélé — et que, en conséquence, les femmes atteintes ne reçoivent pas les soins dont bénéficient les hommes dans le même cas. Il est évident que ce sont les hommes qui courent le plus grand risque durant la trentaine et la quarantaine. Mais se pourrait-il, encore une fois, que les femmes ne reçoivent pas le meilleur conseil quand on leur dit qu'elles n'ont pas besoin de la protection que peut leur apporter le vin avant la ménopause?

L'une des découvertes les plus étonnantes de la médecine actuelle, c'est que les femmes — désormais intégrées au monde du travail naguère réservé aux hommes — sont aujourd'hui frappées par des «maladies d'hommes». Partout au monde, à mesure que les femmes se mettent à fumer de plus en plus, le cancer du poumon supplante le cancer du sein comme cause principale de décès par cancer chez les femmes. Fait étonnant, c'est la crise cardiaque et non le cancer du poumon qui constitue le risque le plus grave pour une fumeuse. Il existe un lien direct entre les maladies du cœur et le tabagisme. Les risques sont quelque peu allégés par une consommation modérée d'alcool.

Le Dr Linda Bisson, biochimiste de l'université de la Californie à Davis, explique pourquoi, à son avis, les femmes ne devraient peut-être pas attendre la ménopause avant de commencer à boire modérément:

L'un des dangers pour l'organisme est de remplacer soudainement les sources d'énergie [remplacer ou augmenter la source de certaines de vos calories par des calories provenant de l'alcool]. S'il n'y a pas d'alcoolisme dans votre famille et que vous ne risquez pas d'en être atteinte, alors le fait de consommer occasionnellement de l'alcool pourrait être un bon moyen d'informer votre organisme que cette autre source d'énergie existe, afin qu'il n'interrompe pas le fonctionnement de tous vos «circuits vitaux» si vous commenciez à boire plus tard dans votre vie.

Conseil du Dr Bisson aux femmes: «Suivez votre instinct.»

C'est un conseil difficile à suivre pour la femme qui est bombardée d'histoires effrayantes de bébés difformes et de cancer du sein. En dernière analyse, c'est le risque relatif qui doit la guider. Mais elle doit d'abord savoir de quel risque il s'agit.

LE SYNDROME D'ALCOOLISME FŒTAL SÈME LA PANIQUE

Aptos, au sud de San Francisco. J'entendais les grosses vagues du Pacifique qui venaient se briser sur la plage, trois kilomètres plus loin. Dans la maison, près du poêle, Alexa, sept ans, est venue s'asseoir près de moi. La pluie tombait en cascade, arrachant sur son passage de petites branches aux séquoias. Alexa me lisait ses poèmes favoris de Shel Silverstein, dont celui de la baby-sitter qui croyait que son travail consistait à s'asseoir (*to sit*) sur le bébé qu'elle gardait. Alexa est une enfant intelligente, affectueuse et gaie. Nous avons continué de nous écrire depuis cette soirée passée dans la maison de ses parents. Pourtant, à en croire certains activistes américains de la santé, Alexa aurait bien pu naître difforme ou affaiblie sur le plan intellectuel parce que sa mère, Sandie, avait bu de petites quantités de vin durant sa grossesse.

Au cours des 10 dernières années, le Canada et les États-Unis ont été balayés par un vent de panique — tout à fait irrationnelle — au sujet du syndrome d'alcoolisme fœtal (SAF). L'appréhension des femmes a été suscitée par une campagne délibérée de désinformation visant à leur faire croire qu'une consommation d'alcool même modérée causerait des torts irréparables à leur bébé. Depuis 1990, chaque bouteille de bière, de vin ou de spiritueux vendue aux États-Unis porte cet avertissement: «Selon le Chef du Service fédéral de la santé publique, les femmes doivent s'abstenir de consommer des boissons alcoolisées durant la grossesse, à cause du risque d'anomalie congénitale.» En mars 1991, dans un restaurant de Tukwila, dans l'État de Washington, on a même refusé de servir une femme enceinte. Le garçon a, d'une façon ostentatoire, arraché l'étiquette d'une bouteille de bière et l'a placée devant la femme, en lui disant: «Au cas où vous ne le sauriez pas.»

Des personnalités bien connues de la télévision ont lancé des appels chargés d'émotion aux femmes, les enjoignant de ne pas boire une goutte durant leur grossesse. Dans certaines villes canadiennes, dont Toronto, des mises en garde menaçantes contre la consommation d'alcool durant la grossesse sont affichées, conformément à la loi, dans les toilettes pour femmes des bars et restaurants, ainsi que dans les magasins de bière.

Le SAF n'est pas un produit de l'imagination. Il existe, et il est très grave. En fait, la consommation d'alcool durant la grossesse semble avoir suscité des craintes instinctives depuis les temps bibliques et même avant. Il était interdit aux jeunes couples de Carthage et de Sparte de consommer de l'alcool, au cas où ils concevraient en état d'ivresse. Dans la Bible, un ange met en garde la mère de Samson: «Tu vas devenir enceinte, et tu enfanteras un fils; et maintenant ne bois ni vin ni liqueur forte [...]»

En 1834, une commission parlementaire des Communes britanniques déclarait: «Les bébés des femmes alcooliques ont parfois l'air affamés, ratatinés, inachevés.» Le syndrome d'alcoolisme fœtal a acquis sa notoriété moderne à la suite d'une étude française, puis d'une étude publiée en 1973 par un groupe de chercheurs de l'université d'État de Washington, qui en ont identifié les symptômes, dont un retard de développement staturo-pondéral et un retard mental, chez huit enfants nés de mères alcooliques.

Le public, toutefois, ne s'est alarmé qu'après la publication, en 1979, d'un livre particulièrement frappant, *Broken Cord* (Harper & Row, New York), dans lequel Michael Dorris décrit les terribles problèmes de comportement auxquels il a dû faire face en élevant son enfant adopté, atteint du SAF. La panique s'est intensifiée quand deux hommes de science éminents ont fait une erreur de calcul. Les Drs Ernest Abel et Robert Sokol, du Centre de recherche sur le syndrome d'alcoolisme fœtal, à Detroit, ont annoncé en 1987 que, selon leurs estimations, 1,9 enfant sur 1000 était atteint du SAF. Mais les deux médecins ont dû publier en 1991 une estimation révisée: 0,33 enfant sur 1000, soit le sixième seulement de leur estimation précédente.

Si faibles que soient les risques, toute femme enceinte ne peut que s'inquiéter. Et les efforts destinés à susciter l'inquiétude chez elle n'ont pas manqué. Un peu partout, on a affiché des photos d'enfants présentant les terribles symptômes du SAF: malformation des yeux, difformité du nez, étroitesse du front, aplatissement de la lèvre supérieure, malformation des doigts. Ces affiches mentionnaient le faible poids à la naissance et la déficience mentale. Dans les cas où les symptômes sont moins marqués, donc plus difficiles à étiqueter, on leur a donné le nom fourre-tout d'«effet d'alcoolisme fœtal» (EAF). De nos jours, que ce soit à Regina, en Saskatchewan, ou à Waco, au Texas, il faut qu'une femme manifestement enceinte ait beaucoup de cran pour accepter un verre à une soirée. Même les femmes qui fument durant leur grossesse — habitude beaucoup plus dangereuse qu'une faible consommation d'alcool — sont moins pointées du doigt que celles qui boivent.

Où sont donc les preuves que ce fléau balaie les maternités d'Amérique? «Le SAF existe; c'est indiscutable», déclare le Dr Moira Plant, qui a écrit un livre sur le sujet en 1985, *Women, Drinking, and Pregnancy* (Tavistock Publications, Londres), et qui travaille aujourd'hui à la rédaction d'un ouvrage sur l'alcool et la femme. Elle ajoute toutefois que les femmes qui boivent peu n'ont rien à craindre: les enfants atteints du SAF ne sont issus que de mères alcooliques et qui, de surcroît, souffrent généralement de carences graves.

Que savons-nous sur le SAF?

FAIT: Presque tous les enfants atteints du SAF naissent d'Afro-Américaines des quartiers pauvres ou d'autochtones vivant dans des taudis urbains ou dans une réserve. Le Dr Abel déclare ceci: «Si vous examinez les villes où les minorités sont nombreuses, vous trouvez un taux [de SAF] de 2 sur 1000, ce qui est très élevé. Mais si vous examinez Denver ou Seattle [deux villes où les ghettos noirs sont rares], vous n'y trouvez pratiquement aucun cas.»

FAIT: Même dans le cas des mères qui boivent beaucoup et qui vivent dans une pauvreté abjecte, seulement 30 p. 100 des bébés sont atteints du SAF.

FAIT: Le SAF est pratiquement inconnu dans la classe moyenne — la population même qui a le plus de chances de lire les avertissements sur les bouteilles et d'être alarmée par la campagne de peur. Dans une étude de 1987 portant sur 32 870 mères de Californie, dont 47 p. 100 avaient bu de l'alcool durant la grossesse, on n'a pas trouvé un seul cas de SAF.

Selon le Dr Plant, la plupart des femmes ont tendance à boire très peu durant la grossesse, du fait qu'elles n'ont pas envie d'alcool. Mais aux États-Unis — et au Canada, où a débordé la panique qui sévit chez les Américaines —, le taux de consommation d'alcool des femmes enceintes est tombé à près de zéro. Le Dr Plant croit que la consommation excessive d'alcool n'est pas la seule cause du SAF: «Les femmes ont généralement une nutrition plus mauvaise que celle des hommes. Il arrive souvent que les problèmes que nous attribuons à l'abus d'alcool soient en fait causés par une mauvaise nutrition. À mes yeux, le manque de contacts sociaux constitue un grave problème de santé. Il est injuste de prétendre que tous les maux de ces femmes sont attribuables à l'alcool. Il faut tenir compte de ce qui leur arrive. Isolées, abandonnées, elles ne sont certes pas entièrement responsables de leur sort.»

Jusqu'à présent, les preuves les plus concluantes de ce que le SAF ne devrait inquiéter qu'une infime minorité de femmes nous sont fournies par une étude menée à Dundee, en Écosse, et publiée dans le *British Medical Journal* en 1991. Au lieu de concentrer leur attention sur la partie la plus vulnérable de la population, les chercheurs à l'origine de cette étude ont simplement recruté les 846 premières femmes à se rendre au centre local de soins prénatals. Ainsi, l'étude a pu porter sur des femmes de toutes les couches sociales et économiques.

On a soigneusement consigné leurs habitudes de consommation d'alcool et on a suivi, jusqu'à l'âge de 18 mois, 592 de leurs bébés. Les chercheurs ont conclu que ce n'est que lorsque la mère avait consommé 12 verres ou plus par semaine que les enfants manifestaient une réduction du développement moteur ou mental. Ils ont également conclu que, du fait qu'aucun dommage n'était décelable dans les cas de consommation modérée, il n'y avait pas de raison que les femmes s'interdisent de boire modérément durant leur grossesse.

À leurs yeux, la limite raisonnable serait de 8 unités britanniques par semaine, soit environ un verre par jour. Alcohol Concern, organisme britannique de prévention des toxicomanies, adopte un ton modéré lorsqu'il s'agit de SAF. Dans le guide qu'il a publié à l'intention des femmes, on peut lire que la plupart des recherches indiquent que les bébés atteints de SAF sont nés de mères qui buvaient hebdomadairement l'équivalent de deux bouteilles de spiritueux ou de huit bouteilles de vin. On y lit ceci: «Parmi les mères d'enfants atteints du SAF, on compte beaucoup de femmes dont le régime alimentaire est médiocre ou qui vivent dans des conditions sociales déplorables.»

D'après Alcohol Concern, quel serait le seuil de consommation à ne pas dépasser durant la grossesse? Tandis que le Chef du Service fédéral de la santé publique des États-Unis a conseillé aux femmes enceintes de s'abstenir de toute boisson alcoolisée, voici ce qu'on peut lire dans le guide d'Alcohol Concern: «Il semble maintenant que les médecins européens s'entendent pour dire que la consommation d'une unité [britannique] d'alcool par jour présente un risque extrêmement faible.»

En Amérique du Nord aussi, des voix se sont élevées contre le conseil du Service fédéral de la santé publique. Genevieve Knupfer, du groupe de recherche sur l'alcool de Berkeley, en Californie, écrivait en 1991 dans le *British Journal of Addiction*: «Il n'existe aucune preuve de ce qu'une faible consommation d'alcool par la femme enceinte cause du tort au fœtus.» Pour elle, une faible consommation, c'est boire deux verres, de quatre à six fois par semaine.

Le Dr Gideon Koren, professeur de pédiatrie et de pharmacologie à l'université de Toronto, fait remarquer que plus de la moitié des grossesses sont accidentelles et que la plupart des femmes adultes consomment occasionnellement de l'alcool. Par conséquent, des milliers de femmes boivent sans savoir qu'elles sont enceintes. Selon Koren, les avertissements dramatiques au sujet du SAF font naître chez la femme un degré d'anxiété excessif et la poussent à vouloir mettre fin à une grossesse que, d'autre part, elle désire. Cependant, aucun avis raisonnable ne semble maintenant susceptible d'ébranler la conviction de nombreuses Nord-Américaines selon laquelle la consommation la plus infime d'alcool durant la grossesse aurait d'horribles conséquences. Une enquête récente révèle que des travailleuses communautaires mal informées disent encore aux femmes qu'un seul verre d'alcool nuit au fœtus.

Qu'est-ce qui a causé cette panique en Amérique du Nord? Je l'ai demandé au père d'Alexa, le Dr Wells Shoemaker, pédiatre et propriétaire

d'une petite vinerie, qui a, comme on peut s'y attendre, réfléchi longue-
ment à la question.

«Il s'agit vraiment du triomphe de la politique», dit-il. Selon lui, les
néo-prohibitionnistes se cherchaient un cheval de bataille pour attaquer
la consommation d'alcool en général. Dans le sillage de la lutte féroce contre l'avortement qui se livre en Amérique du Nord, le fœtus est devenu un
sujet important. Lier la consommation d'alcool à des effets négatifs sur le
fœtus s'est révélé utile, parce que la charge émotive de ce lien est lourde.

On a commodément ignoré ou escamoté le fait que le SAF et l'EAF ne
concernent pas la plupart des femmes. La vraie tragédie du SAF n'a pas été
relevée. Le fait que le SAF existe en Amérique du Nord et que l'Europe soit
pratiquement épargnée — même dans les pays méditerranéens où la consommation de vin est élevée — n'a rien de mystérieux. C'est la conséquence du manque criminel de soins prénatals offerts aux mères pauvres
des États-Unis. Au Canada et aux États-Unis, l'incidence élevée du SAF chez
les enfants autochtones en dit long sur la condition de ces peuples. Quant
à l'EAF, nombreux sont ceux qui affirment qu'il n'est qu'une vague collec-
tion de symptômes dont la cause est difficile à expliquer. À ce sujet, le Dr
Plant déclare: «On a fait de ce terme une espèce de poubelle dans laquelle
n'importe qui peut jeter les symptômes qui le laissent perplexe.»

Quand on lui a demandé ce qu'elle considérait comme une limite raisonnable de consommation pour les femmes enceintes, elle a répondu ceci:

La dernière étude multicentres indique que consommer jusqu'à 10
unités britanniques par semaine [environ un verre par jour] n'a
aucun effet mesurable sur l'enfant. Il existe certaines preuves
qu'une consommation un peu plus élevée entraîne une diminution
du poids à la naissance. Mais l'enfant rattrape si vite un poids normal qu'il est difficile de relier ce fait à l'alcool. Je m'en tiendrais à
un ou deux verres, une ou deux fois par semaine. On n'a trouvé
aucune preuve que cette quantité d'alcool ait un effet perceptible.

La femme qui allaite peut-elle se permettre de boire? «L'alcool est transmis au nourrisson, dit le Dr Plant. La plupart des mères qui consomment de
l'alcool le reconnaîtront. Le bébé dormira bien après sa tétée de 10 heures
si la mère a pris un verre ou deux. Mais, pour autant que je sache, l'alcool
n'est pas transmis en quantités susceptibles de faire du tort à l'enfant.»

Le Dr Plant accorde peu d'importance à la possibilité que de grandes
buveuses risquent de faire du tort à leur nourrisson: «Il est peu probable

que la femme alcoolique allaite son bébé. Pour allaiter, il faut être organisée et bien avoir le contrôle de la situation.»

Les femmes devraient-elles boire moins que les hommes? Malgré la récente étude danoise laissant entendre que les femmes qui boivent la même quantité d'alcool que les hommes bénéficient de la même protection qu'eux contre la mortalité toutes causes confondues, le Dr Moira Plant croit que, pour l'instant, mieux vaut faire preuve de prudence: «Je crois que les femmes devraient boire moins que les hommes, vu leur poids moins élevé. De plus, les femmes ont davantage de difficulté que les hommes à décomposer l'alcool, parce que ceux-ci disposent dans leur estomac d'une enzyme supplémentaire qui leur permet d'absorber l'alcool plus rapidement.» Le problème, d'après elle, c'est que, jusqu'à présent, presque toutes les recherches sur l'alcool ont été menées sur des hommes. Même les questions qui sont posées dans les enquêtes («Vous est-il arrivé d'aller au travail avec la gueule de bois?» par exemple) s'appliquent davantage aux hommes que, disons, à une mère au foyer. Le Dr Plant estime que cette lacune est sur le point d'être corrigée grâce à la présence de toute une nouvelle génération de femmes engagées dans la recherche sur les effets de l'alcool. «Nous en apprendrons beaucoup sur l'alcool et les femmes au cours des cinq ou six prochaines années, affirme-t-elle. À mon avis, nous découvrirons des choses qui seront fort différentes de ce que nous croyons savoir aujourd'hui.»

BIEN VIEILLIR

À une certaine époque, il était considéré comme suffisant de vivre vieux. La vieillesse vous apportait l'amour et le respect des autres, ainsi qu'un fauteuil près du feu. Les aînés étaient essentiellement des personnages au repos qui faisaient l'objet d'une tendre attention de la part de leurs proches. Tout cela a changé. Les enfants sont trop occupés pour prendre soin de leur mère ou de leur père vieillissant, et le spectre de la maison de repos suscite un malaise, voire un sentiment de panique, chez ceux qui avancent en âge.

Aujourd'hui, si vous atteignez l'âge de 65 ans, vous pouvez espérer vivre encore pendant 17 ans. Ce pourrait être vos pires années — comme vos meilleures. Nous savons maintenant qu'il ne suffit pas d'atteindre un grand âge, mais qu'il faut l'atteindre en bonne santé. Il nous faut tirer le meilleur parti de ces années additionnelles qui sont désormais à notre portée. Les attitudes à l'égard du vieillissement ont donc changé. Fini le temps où les aînés s'asseyaient près du feu. L'ère de l'athlète octogénaire a commencé. À la piscine où je nage tous les jours, une femme de 83 ans vient de recevoir un prix: elle a parcouru à la nage l'équivalent de 1400 kilomètres, à raison d'environ 1 kilomètre par jour.

Les personnes âgées ne se contentent plus de jardiner ou de jouer aux boules (deux activités fort agréables); on les rencontre sur les terrains de tennis, au gymnase, à la montagne et même dans les marathons. Elles sont soucieuses de leur poids, de leur tension artérielle et de leur régime alimentaire. Conscientes du fait que c'est surtout le cerveau qui a besoin d'exercice, les personnes âgées suivent des cours et voyagent dans le monde entier, envahissant les universités l'été, sous les auspices des programmes Séjours culturels des aînés (Elderhostel).

La formule permettant aux aînés de rester vigoureux et en bonne santé est recherchée comme le Saint-Graal, non seulement par eux-mêmes, mais aussi par les spécialistes de la gériatrie, discipline en pleine expansion. L'une des meilleures études à avoir identifié les facteurs contribuant à une vieillesse active et saine a été menée en Californie et publiée dans l'*American Journal of Public Health* en 1989. En 1965, le Dr Jack M. Guralnik, du National Institute on Aging, et George A. Kaplan, des services de santé de la Californie, avaient interrogé 841 personnes nées avant 1920 au sujet de leur santé et de leurs activités. Dix-neuf ans plus tard, ils sont entrés en contact avec les survivants du groupe — ils n'étaient plus que 496. Les sujets, alors âgés de 65 à 89 ans, ont répondu à des questions portant sur leurs activités quotidiennes (magasiner, jardiner, monter des escaliers, marcher 800 mètres). Ils ont également répondu à des questions portant sur des activités physiques plus vigoureuses (jogging, bicyclette, tennis, danse et marche sportive).

Environ le quart des sujets — soit 107 individus — étaient des vieillards pleins d'allant dont la capacité fonctionnelle était considérée comme élevée. L'étude a révélé que l'usage du tabac, l'hypertension artérielle, la pauvreté et l'appartenance à la race noire étaient des facteurs contribuant au décès ou à l'invalidité précoce. Parmi les facteurs favorisant une capacité fonctionnelle élevée, on a trouvé le maintien d'un poids modéré, l'habitude de prendre un petit déjeuner et la consommation modérée d'alcool.

«Au moment du suivi, dans le cas des sujets qui consommaient modérément de l'alcool, il était 2,4 fois plus probable que leur capacité fonctionnelle soit élevée comparativement aux abstinents, et 1,7 fois plus probable qu'elle le soit comparativement aux buveurs excessifs», rapportait l'équipe de chercheurs. Ces résultats ne devraient étonner personne. Un certain nombre d'études ont déjà révélé qu'un verre de vin ou de bière ajoute à la qualité de vie des personnes âgées. C'est pourquoi, même aux États-Unis, où une proportion élevée de la population s'abstient d'alcool, on sert du vin dans plus de la moitié des hôpitaux; dans la plupart des maisons de repos, l'heure du cocktail fait partie de la routine quotidienne.

Le Dr Robert Stepto, membre du Conseil de santé de Chicago, commente la consommation de vin dans les hôpitaux: «Je crois qu'on devrait s'engager dans une vigoureuse promotion de l'usage thérapeutique du vin. Pour ce faire, il faudrait sensibiliser le personnel hospitalier, les médecins et les patients.» Quant à Robert Kastenbaum, professeur de psychologie à l'université d'État de Wayne, il dit ceci: «Le vin est à la fois un aliment et un médicament. Mais c'est aussi un symbole de gratification pour les adultes. Il y a toute une différence entre ordonner à un vieil homme de prendre son médicament et l'inviter à prendre un verre. Dans le premier cas, l'injonction confirme l'opinion du vieillard selon laquelle il est un organisme usé que l'on traite et soigne de façon impersonnelle. Dans le second cas, l'invitation à boire laisse entendre qu'on le considère encore comme un adulte capable de recevoir et de donner des gratifications d'adulte.»

Le petit verre de vin, de bière ou de spiritueux semble avoir un effet positif: des chercheurs de l'université d'État de l'Indiana et de l'université Duke ont suivi pendant plus de 20 ans près de 4000 jumeaux, anciens combattants de la Seconde Guerre mondiale, en consignant soigneusement leur consommation d'alcool. La dernière mesure des aptitudes cognitives de ces hommes, aujourd'hui âgés de 60, 70 ou 80 ans, indique que ceux d'entre eux qui boivent un ou deux verres par jour obtiennent de meilleurs résultats que leurs frères qui s'abstiennent ou qui consomment plus ou moins d'alcool qu'eux.

Une seconde étude portant sur 6000 Américains de plus de 65 ans confirme que les buveurs modérés obtiennent de meilleurs résultats dans les tests d'aptitude mentale. Plus surprenants encore sont les résultats d'une étude sur la densité minérale des os chez les aînés, publiés en 1993 dans le *British Medical Journal*. L'ostéoporose, déminéralisation généralisée du squelette, est une cause majeure d'invalidité durant la vieillesse, plus particulièrement chez la femme. C'est en partie pour renforcer leurs os que des millions de femmes prennent un supplément d'œstrogène après la ménopause. Au début des années 70, des chercheurs de l'université de la Californie à San Diego ont mesuré la densité minérale des os dans un groupe composé de 182 hommes et 267 femmes, tous âgés de plus de 45 ans, en prenant note de leur consommation d'alcool. De 16 à 19 ans plus tard, les mêmes mesures ont été prises sur le même groupe.

Une constante intéressante est apparue. Même en tenant compte du tabagisme et, chez les femmes, de l'œstrogénothérapie, on a remarqué que les buveurs modérés présentaient une densité minérale des os supérieure à celle des autres membres du groupe. C'est là un excellent indicateur de bonne santé chez les personnes âgées.

Nous n'insinuons pas que l'alcool est une panacée contre le vieillissement et que toutes les personnes âgées de plus de 65 ans devraient prendre l'habitude d'en consommer. Le Dr Curtis Ellison, cardiologue de Boston qui a souvent parlé des bienfaits de l'alcool pour la santé, affirme que cette substance pourrait être dangereuse pour une faible minorité de personnes âgées: «Nous savons qu'un certain nombre de personnes commencent à abuser de l'alcool quand elles sont déprimées. Surtout les veuves âgées qui se sentent seules.»

Le Dr Klatsky décrit les bienfaits sur le plan social que les personnes âgées vivant en maison de repos tirent d'un verre de vin ou de bière: «Des études démontrent que ces personnes ont plus de contacts sociaux et qu'elles parlent davantage. Voilà qui ne devrait pas nous étonner, puisque c'est pour cela que la plupart des gens boivent.»

George Burns aurait été d'accord avec nous. Au moment de la rédaction du présent ouvrage, le comédien était âgé de 97 ans et il promettait à tout le monde de tenir son engagement de donner, à son centième anniversaire, un spectacle au Palladium de Londres. Le régime de longévité de Burns, un tantinet excessif, comprenait cinq martinis par jour.

L'AFFAIRE DES
CALORIES MANQUANTES

La consommation d'alcool vous fera-t-elle prendre du poids? Logiquement, la consommation régulière de vin — et de tout autre alcool, bien entendu — devrait vous faire engraisser. L'alcool, après tout, contient des calories. Mais c'est peut-être le contraire qui est vrai, surtout chez la femme. Les raisons expliquant cet apparent paradoxe restent mystérieuses.

Comme me l'a expliqué le Dr Andrew Prentice, du centre clinique de nutrition de Dunn, à Cambridge, au lieu d'engraisser à cause de leur consommation d'alcool, il semble que la plupart des buveurs maigrissent. Les preuves de cela, ajoute-t-il, proviennent de l'American Nurses' Health Study, vaste étude menée auprès d'infirmières américaines, durant laquelle on a consigné le poids, la taille, les habitudes alimentaires et les habitudes de consommation d'alcool de 90 000 femmes âgées de 30 à 55 ans. On s'était attendu à ce que celles qui absorbaient des calories supplémentaires tirées de l'alcool soient plus grosses que les autres. Cela ne s'est pas avéré. «Le groupe le plus corpulent, dit Prentice, était composé de femmes qui ne buvaient pas du tout.» Jusqu'à une consommation de quelques verres par jour, plus ces femmes buvaient, moins elles pesaient. «Les personnes qui boivent, ajoute Prentice, ont tendance à être plus minces que les autres.»

Cette tendance est également apparue chez les hommes suivis par une autre étude, la Health Professionals' Follow-Up Study, bien que celle-ci n'ait pas révélé un effet amincissant aussi spectaculaire que chez les femmes de l'autre étude. Où vont donc ces calories? L'équipe de Cambridge s'est penchée sur l'alimentation globale des infirmières sans constater que celles-ci diminuaient la quantité d'aliments ingérés pour compenser leur consommation d'alcool. «Si l'on accepte la théorie selon laquelle les calories de l'alcool viennent s'ajouter à celles des aliments, dit le Dr Prentice, et que les buveurs sont plus minces que les autres malgré un apport calorique considérablement plus élevé, il faut conclure soit que ces gens sont beaucoup plus actifs physiquement que les autres — ce qui est peu probable —, soit que les calories de l'alcool ont quelque chose de fort singulier.»

Les calories de l'alcool seraient-elles «vides» ou bien seraient-elles éliminées d'une quelconque façon? L'équipe de Cambridge voulait le savoir. Les chercheurs ont choisi cinq hommes en bonne santé, dans la trentaine (on se demande pourquoi ils n'ont pas choisi des femmes, chez qui l'effet est plus marqué), et les ont placés pendant 36 heures dans une enceinte calorimétrique. Il s'agit d'une enceinte scellée, dans laquelle tous les apports sont mesurés, pour que l'on puisse déterminer avec précision la consommation et la dépense d'énergie. Les sujets ont consommé des aliments ordinaires le premier jour et, le second, des aliments accompagnés d'alcool. On a surveillé de près la vitesse à laquelle ils brûlaient les calories. À la fin de l'épreuve, le mystère restait entier. Les sujets avaient d'abord brûlé les calories de l'alcool, sans emmagasiner de graisse. Ce qui confirme cette conclusion, d'après Prentice, c'est l'expérience menée par l'un de ses collègues d'Oxford, au cours de laquelle ce dernier a inséré de minuscules cathéters dans l'estomac de volontaires afin d'observer le processus d'accumulation de graisse. Ce collègue a constaté qu'aucune graisse n'est emmagasinée quand le sujet consomme de l'alcool.

Que dire alors de la bedaine des buveurs de bière? «C'est une tout autre situation, répond Prentice. Le buveur de bière absorbe dans cette boisson une quantité importante d'hydrates de carbone. Et il s'agit à mon avis d'un cas de substitution: le buveur consomme beaucoup de bière au lieu de manger.»

Le cas des calories manquantes suscite un vif intérêt parce qu'il a à voir avec l'obésité, dont la prévalence inquiète de plus en plus les médecins nord-américains et européens. (L'incidence de l'obésité a doublé en Grande-Bretagne au cours des 10 dernières années; en Amérique du Nord, le tiers des adultes sont obèses.) D'après une étude que l'Institut national de la santé de Beltsville, au Maryland, s'apprête à publier, parmi des sujets soumis à un régime alimentaire riche en matières grasses, les buveurs modérés ont pu mieux contrôler leur poids que les abstinents. Une autre étude américaine indique que les femmes qui consomment un peu d'alcool pèsent en moyenne de 2 à 3 kilos de moins que les abstinentes, alors que l'effet n'est pas aussi marqué chez les hommes.

Le Dr Prentice soupçonne que l'alcool diminue peut-être l'appétit — si ce n'est pas au moment de sa consommation, alors le lendemain. Mais, selon la théorie de certains chercheurs américains, l'alcool accélérerait le métabolisme, ce qui permettrait à l'organisme de brûler les calories plus efficacement. Cette affaire des calories manquantes est une recherche de pointe. Il faudrait peut-être la confier à Sherlock Holmes.

LE VIN REND-IL INTELLIGENT?

La consommation de vin peut-elle vous rendre riche et intelligent? Cela dépend de la lecture que vous faites des statistiques. En 1990, Hugh Klein et David J. Pittman, deux chercheurs de l'université de Washington, à St. Louis, ont posé la question suivante: qu'est-ce qui distingue le buveur de bière, le buveur de vin et le buveur de spiritueux? Après avoir analysé la documentation existante et fait enquête auprès d'un millier de buveurs, ils ont publié les résultats de leur étude dans le *Journal of Substance Abuse*.

Ils ont constaté que le vin est la seule boisson qui ait un lien direct avec l'acquisition de l'éducation. En d'autres mots, plus vous êtes instruit, plus il est probable que vous soyez un buveur de vin. La préférence pour le vin s'accentue également en fonction du revenu. Il y a davantage de buveuses que de buveurs de vin. En vieillissant, les gens ont tendance à délaisser la bière et les spiritueux pour se mettre au vin. Les chercheurs ont également constaté que les buveurs de vin sont plus modérés dans leur consommation que les buveurs d'autres boissons alcoolisées et que, dans 75 p. 100 des cas, le vin est bu à la maison. Dans 82 p. 100 des cas, le vin accompagne un repas, généralement celui du soir.

Ces résultats nous aident à comprendre les statistiques publiées par le Bureau de la statistique des États-Unis relativement aux arrestations pour conduite avec facultés affaiblies: 54 p. 100 des conducteurs avaient consommé de la bière, 23 p. 100 des spiritueux, 2 p. 100 du vin et les autres un mélange de ces boissons. Alors, la consommation de vin vous rend-elle plus riche, plus intelligent et moins dangereux au volant? Je ne compterais pas trop là-dessus.

FLATULENCE? UNE DEMI-BOUTEILLE DE VIN D'ALSACE

Le Dr Emmerick Maury, médecin généraliste français qui croit avec ferveur aux bienfaits du vin pour la santé, n'a rien laissé au hasard dans son best-seller *Soignez-vous par le vin* (Éditions de l'Homme, Montréal), publié en 1974. Également homéopathe et acupuncteur, Maury croit que le vin doit faire partie d'un régime alimentaire sain et qu'il est un remède précieux, qui s'ajoute aux traitements médicaux plus conventionnels.

Dans son ouvrage, Maury ne s'est pas contenté de recommander le vin comme tonique général; il précise quel vin convient le mieux à telle ou telle affection. Même si, aujourd'hui, la plupart de ses recommandations feraient sourire les hommes de science avertis, quelques-unes se sont révélées justes à la lumière des plus récentes recherches. Par exemple, contre l'ostéoporose, Maury recommandait de boire en alternance deux verres de bourgogne au repas un jour et deux verres de bordeaux le jour suivant. Des recherches récentes, bien que ne portant pas spécifiquement sur le vin, indiquent que la consommation modérée d'alcool contribue à prévenir l'ostéoporose. Voici certaines des prescriptions du Dr Maury:

Allergies: deux verres de médoc par repas

Calculs biliaires: vin blanc sec peu alcoolisé de la région de Sancerre ou de Pouilly

Constipation: vins blancs d'Anjou ou de Vouvray

Cystite (inflammation de la vessie): un ou deux verres par repas de vin blanc doux ou demi-doux de la région d'Anjou

Dépression nerveuse: un à deux verres de médoc avant ou pendant le repas

Descente d'estomac (hernie hiatale): deux verres de champagne demi-sec par repas

Diarrhée: un verre de beaujolais jeune, avant et après les repas

Fièvre: une bouteille de champagne sec ou brut par jour, pris en doses d'un verre toutes les heures

Flatulence: une demi-bouteille de vin blanc sec d'Alsace partagée entre les deux repas

Goutte: pour cette affection aussi, vin blanc sec peu alcoolisé de la région de Sancerre ou de Pouilly, ou vin rosé de Provence

Grippe: vin de la région des Côtes du Rhône; une demi-bouteille par jour, au cours de l'évolution fébrile, en trois ou quatre portions égales; chauffer au bain-marie à 60°, ajouter 15 g de cannelle, cinq morceaux de sucre et quelques zestes de citron

Grossesse: la recommandation du Dr Maury de boire à chaque repas deux verres de bourgogne rouge à 10 degrés ferait aujourd'hui tiquer certains gynécologues, même si la science moderne lui donne raison de mentionner la fonction antioxydante du vin qui élimine les toxines

Ménopause: deux verres par repas de bordeaux ou de médoc

Obésité: une bouteille par jour de rosé de Provence ou de vin blanc sec de Sancerre, tous deux faibles en alcool et en sucre

Rhumatisme chronique: vin blanc léger, comme le vin nature de Champagne, deux verres par repas

Vieillesse: vin rouge de la région d'Alose-Corton ou vin blanc léger et sec, comme le vin nature de Champagne

Le Dr Maury, s'inspirant de sa formation en homéopathie, prêche que le mieux est l'ennemi du bien: «Tout est question de mesure, pour l'usage du vin comme pour tout le reste.»

CHAPITRE 7

CHOISIR POUR SOI

LE DILEMME DU MÉDECIN

Le Pr Michael Marmot était dans l'embarras. Je venais de le prendre à l'aéroport international Pearson de Toronto et le conduisais à son hôtel. C'était une soirée douce de décembre; la ville s'étalait le long de l'autoroute, comme un tapis de lumière. Mais le professeur était embarrassé par la question que je venais de lui poser.

Marmot, professeur d'épidémiologie et de santé publique au University College de Londres, exerce beaucoup d'influence sur ce que les habitants de Grande-Bretagne — et d'ailleurs — mangent et boivent. À cette époque, il faisait l'objet de critiques de la part de l'industrie britannique des biscuits et gâteaux. En tant que président du COMA, comité britannique étudiant les dimensions médicales de la politique alimentaire, il venait de publier un rapport en matière de nutrition qui attaquait la traditionnelle prédilection des Britanniques pour les aliments sucrés. (Soit dit en passant, le rapport examine les preuves les plus récentes relativement aux effets des antioxydants et les trouve «convaincantes».)

Ce qui est moins connu, c'est l'intérêt que Marmot porte depuis longtemps à toute la question du vin et de l'alcool, et c'était de cela que j'espérais lui parler. Malheureusement pour moi, Marmot est un homme difficile à joindre. J'avais tenté deux ou trois fois de le voir à Londres, pour me faire dire qu'il était à Toronto. Quand je me trouvais à Toronto, il était à Copenhague. J'avais finalement compris que ma meilleure chance de le rencontrer, c'était de le prendre à l'aéroport, avant qu'il ne file au centre-ville pour assister à quelque réunion. Pour un homme que ses adversaires comparent à un tigre, je l'ai trouvé bien doux et bien modeste. Je l'ai amené vers ma voiture et l'ai invité à y monter; je lui ai ensuite glissé un petit magnétophone dans la main, en lui demandant ni plus ni moins de parler.

La consommation modérée d'alcool protégeait-elle contre la maladie coronarienne? Cela ne faisait aucun doute à ses yeux: «Les preuves dont nous disposons m'ont persuadé qu'il existe un lien entre la consommation modérée d'alcool et la réduction du risque coronarien. J'ai publié mon premier article à ce sujet il y a une quinzaine d'années et, depuis, j'ai eu l'occasion deux ou trois fois d'examiner les preuves, qui sont de plus en plus convaincantes.»

La consommation modérée d'alcool devrait-elle faire partie d'un régime alimentaire sain? Voici ce qu'il a répondu, selon l'enregistrement que j'ai conservé: «Eh bien, personnellement, je pense... je pense que...» Il s'est repris, a hésité, soupiré. «D'une certaine façon, il faut que...» Il a encore soupiré. «Il faut que... C'est la recherche scientifique qui doit prouver... Je ne sais pas trop si j'y crois ou pas. Ce que je trouve plus important, c'est d'insister sur les risques et de dire qu'il n'est pas besoin d'une ordonnance de médecin pour boire de l'alcool. Les gens boiront de l'alcool parce qu'ils aiment cette boisson. La tâche la plus importante du monde scientifique, c'est de faire connaître les dangers de l'alcool.»

Loin de moi l'intention de me moquer de Marmot, pour qui j'ai beaucoup de respect. Il débarquait à peine de l'avion, après un long vol transatlantique. Personne n'est en grande forme après une épreuve aussi fatigante. Mais dans ce moment d'abandon, sa réponse révélait le dilemme dans lequel beaucoup de savants et de médecins se trouvent quand on leur demande leur avis sur la consommation modérée de vin ou d'autres boissons alcoolisées. Ils ont une peur bleue de dire publiquement qu'un verre ou deux d'alcool par jour, c'est bon pour la santé, au cas où quelques milliers d'individus les comprendraient mal et se transformeraient en ivrognes. Il arrive souvent que les scientifiques qui ont trouvé les preuves les plus convaincantes des bienfaits de l'alcool tentent de cacher leurs découvertes au grand public.

Il faut les comprendre. Les médecins plus que quiconque dans la société sont à même de constater les ravages de l'alcoolisme: accidents cérébrovasculaires, cancers, cirrhoses, familles déchirées, corps brisés dans des accidents de la route. Ils craignent, en faisant preuve d'une certaine souplesse à propos de l'alcool, de s'attirer les critiques des professionnels de la lutte contre l'alcoolisme ainsi que celles de leurs propres confrères. Mais dans cette campagne, comme dans la guerre, la vérité est souvent la première victime.

En fait, tout le débat sur l'alcool et la santé a été marqué par une série de pas en avant et de pas en arrière qui ne sont pas sans rappeler le tango. Quand les nouvelles au sujet de l'alcool sont trop positives, vous pouvez être sûr que les manchettes du lendemain proclameront que les prétendus bienfaits de l'alcool ne sont qu'un canular. Au chapitre 3, nous avons parlé des efforts du Pr Hugh Tunstall-Pedoe en vue de minimiser l'importance du paradoxe français, même si l'étude Monica de l'OMS, dont il était le coordonnateur, en a confirmé l'existence.

Deux semaines après l'expression des doutes de Tunstall-Pedoe, Hans Emblad, directeur suédois du programme de lutte contre les toxicomanies de l'OMS, a fait la manchette dans le monde entier quand il a déclaré: «Moins vous buvez, mieux c'est.» Battant en brèche plus de 60 rapports confirmant les effets bénéfiques de la consommation modérée de vin et d'alcool, Emblad déclarait: «Nous ne faisons pas campagne pour instaurer l'abstinence dans le monde, mais je suppose que si vous poussez notre message à sa conclusion logique, le degré optimal de consommation serait zéro.»

Que dire des recherches menées par des scientifiques réputés qui révèlent que les abstinents courent un plus grand risque de cardiopathies que les buveurs modérés? «Les études, répliquait Emblad, étaient en grande partie inspirées par des motifs commerciaux.» En d'autres mots, c'était un complot ourdi par l'industrie des boissons alcoolisées!

Cette déclaration n'aurait pu être plus insultante pour les scientifiques éminents, comme Richard Doll qui venait de publier une étude menée sur des médecins britanniques, étude qui indiquait qu'une consommation modérée d'alcool protège contre la maladie coronarienne. Ou comme Michael Marmot qui, en 1991, avait publié une étude de plus confirmant l'existence de la courbe en U.

Sur sa lancée, Emblad avait une autre remarque à faire: même si l'alcool offrait une certaine protection, on pouvait en tirer l'effet bénéfique maximal en en consommant moins d'un verre, tous les deux jours. Voilà une autre déclaration qui contredit le très grand nombre d'études ayant indiqué que l'effet bénéfique maximal apparaît avec une consommation de un à trois verres par jour, et qui nous laisse croire qu'Emblad n'a même pas écouté ses propres experts de l'OMS. Une étude sur la maladie cardiovasculaire publiée par le groupe scientifique de l'OMS très peu de temps avant la déclaration d'Emblad affirme que, dans le cas de la maladie coronarienne, «le risque est plus élevé pour les abstinents» et arrive à la conclusion suivante: «Par conséquent, on peut en conclure que la consommation modérée d'alcool (1-3 verres par jour) offre un effet protecteur modéré contre la maladie cardiovasculaire, comparativement à l'abstention et à la consommation excessive.»

Pourtant, même les médecins de l'OMS, après avoir conclu qu'une consommation modérée d'alcool était bénéfique, ajoutaient: «Mieux vaut sans doute conclure qu'une consommation modérée d'alcool ne fait pas de tort à l'appareil circulatoire plutôt que de mettre l'accent sur son effet protecteur, parce que toute incitation publique à la consommation d'alcool risque d'être mal interprétée et de susciter des excès aux effets néfastes sur la mortalité totale.» En d'autres mots, mieux vaut user de faux-fuyants, mentir. Mieux vaut cacher la vérité au grand public, qui n'est pas digne de confiance, même si cette vérité sauve des vies.

On ne peut blâmer l'OMS quand elle tente d'enrayer l'abus d'alcool ou de freiner l'introduction des boissons alcoolisées dans les pays du Tiers-Monde, où le taux de cardiopathies est faible et où la population n'est tout simplement pas habituée à l'alcool. Mais la position de l'OMS à l'égard des pays développés est inquiétante. Dans ces pays, même si une minorité d'individus abusent de l'alcool, il existe une longue tradition de consommation civilisée. Au lieu de se contenter de s'attaquer à l'abus d'alcool dans ces pays, l'OMS a adopté une approche zélée et aveugle, plus en harmonie avec les mouvements de tempérance du XIXe siècle qu'avec les goûts et besoins modernes.

Par exemple, son plan européen de lutte contre l'alcool, publié en 1993, appelle à une réduction globale de 25 p. 100 de la consommation d'alcool en Europe. Aucune mention des effets bénéfiques du vin et de l'alcool sur la santé. Aucune mention de l'importance culturelle du vin dans certains pays. Aucune analyse comparative consciencieuse du nombre de vies sauvées par une consommation modérée d'alcool par rapport au nombre plus petit de vies perdues à cause de l'alcoolisme. Rien de tout cela. Seulement une condamnation générale: l'alcool, c'est mauvais.

Les opposants poursuivent leurs efforts en vue de discréditer la thèse des effets bénéfiques d'une consommation modérée de vin et d'alcool. Comme nous l'avons vu, le paradoxe français formulé par le Dr Serge Renaud a suscité bien des critiques. Le dernier en date à mettre à l'épreuve le paradoxe français est le Dr Michael Criqui, éminent cardiologue et épidémiologiste de la faculté de médecine de l'université de la Californie à San Diego. Avec sa collègue Brenda Ringel, il a entrepris une analyse exhaustive des données relatives à la consommation d'alcool, au régime alimentaire et à la mortalité publiées par 21 pays développés — dont la Grande-Bretagne, les États-Unis, la France, la Nouvelle-Zélande et l'Australie — pour les années 1965 à 1988. Après tout ce travail, quand l'étude a été publiée dans le *Lancet* de décembre 1994, il n'a pu que confirmer ce que St. Leger — avec des ressources infiniment moindres — avait découvert 15 ans plus tôt: le vin a le meilleur effet.

Une forte consommation de graisses animales, rapporte Criqui, s'accompagne presque toujours d'un taux élevé de maladies du cœur, sauf en France et, dans une moindre mesure, en Suisse. La consommation de fruits frais est un atout de taille pour la santé du cœur. Les pays où l'on consomme beaucoup de bière et de spiritueux s'en tirent plus ou moins bien: la réduction du taux de maladie coronarienne y est modeste. Criqui et Ringel ont constaté que le lien le plus fort et le plus consistant entre la santé du cœur et l'alcool apparaît dans le cas du vin. Partout où la consommation de vin est élevée, le taux de maladie coronarienne est faible. Ils ont constaté qu'en France, où la consommation d'alcool et de vin est la plus élevée, le taux de maladie coronarienne est le plus faible après celui du Japon. Au chapitre des décès toutes maladies confondues, la France est passée du huitième rang — si on part du taux le plus faible — en 1980 au sixième en 1988.

C'étaient là de bonnes nouvelles, mais Criqui n'avait pas terminé son œuvre. Après avoir examiné les taux de mortalité généraux, il a annoncé que, même si le vin sauvait des vies, il ne semblait pas réduire le taux de mortalité général (conclusion clairement contredite par l'étude danoise). Il semblait laisser entendre que l'effet protecteur du vin sur le cœur se trouvait plus tard annulé parce que trop de gens abusent de l'alcool et sont emportés par le cancer, la cirrhose ou quelque autre maladie reliée à l'alcoolisme.

Cette conclusion laissait perplexes certains des amis et collègues de Criqui. Le Dr Curtis Ellison, cardiologue à la faculté de médecine de l'université de Boston, croit que Criqui a eu raison de conclure que le vin offre la meilleure protection: «Par la suite, il est allé un peu trop loin en faisant des déclarations qui, à mon avis, sont tout à fait mal à propos. Il a dit que le taux de mortalité totale [dans les pays où l'on boit du vin] n'est pas plus faible qu'ailleurs. En réalité, il l'est.» Selon Ellison, même si les habitants des pays où l'on boit beaucoup de vin ne vivent qu'environ 2,5 ans de plus que les autres, cela reste une différence importante pour beaucoup de gens: «Cela pourrait signifier qu'une personne sur quatre gagne 10 ans de vie.» Combien d'entre nous donneraient tout ce qu'ils possèdent pour vivre 10 ans de plus! «Une petite augmentation [de la longévité] peut être très souhaitée», ajoute Ellison.

Criqui fonde son avertissement sur une théorie qui, selon Ellison, quoiqu'elle soit discréditée, est encore utilisée par les professionnels des toxicomanies. Cette théorie veut que, dans un pays donné, à mesure que la consommation d'alcool moyenne augmente, le nombre de maladies et de décès reliés à l'alcool augmente aussi. «Cela n'a aucun sens, dit Ellison, et ce n'est pas le cas.»

Bien entendu, cela pourrait être vrai dans certains pays, comme la Finlande, où les cas de consommation excessive d'alcool sont fréquents. Mais laisser entendre que, du fait que Julie Modérée, jeune femme moderne et prudente de Montréal, décide de boire un verre de vin avec son souper, elle déclenchera une réaction en chaîne et qu'un quelconque alcoolique à l'autre extrémité de l'échelle de consommation connaîtra une mort misérable, cela défie l'imagination. «Nombreux sont ceux qui croient qu'il aurait dû être plus avisé», dit Ellison, rejetant avec tact l'avertissement de Criqui.

John Duffy, statisticien du groupe de recherche sur l'alcool mis sur pied par l'université d'Édimbourg, s'est lui aussi élevé contre la théorie du «taux de consommation moyen». «C'est de la folie pure, dit-il. Il est évidemment normal que, dans un pays qui compte un grand nombre de buveurs excessifs, le taux de consommation moyen soit élevé. Mais dissuader les consommateurs modérés de boire, même si cela peut réduire le taux de consommation moyen, ne règle en rien le problème. Si vous voulez réduire le nombre de buveurs excessifs, c'est eux qu'il faut persuader de réduire leur consommation.»

Bien entendu, ni les déclarations de Criqui, ni les réfutations d'Ellison et de Duffy ne mettront fin à la controverse. De nouvelles objections à la thèse des bienfaits du vin seront soulevées de temps à autre. Comme de plus en plus d'études sont publiées sur le sujet, vous êtes plus libre de faire vos propres choix si l'alcool n'est pas un problème pour vous. Mais que faire s'il l'est?

L'ABUS D'UNE BONNE CHOSE

Demandez au client qui achète sa caisse de bière pour sa grande évasion du samedi soir quel est le risque le plus menaçant pour les grands buveurs. L'air un peu perplexe, il vous répondra sans doute: «La cirrhose?» C'est ce qu'il a entendu dire. Posez la même question à sa femme et elle vous répondra autre chose. Posez-la à un policier et vous obtiendrez une troisième réponse.

La cirrhose — mort graduelle du foie due à l'altération des cellules — est une maladie relativement rare en Amérique du Nord. Son incidence en France est deux fois plus élevée, bien que les chiffres soient trompeurs. Un taux élevé de cirrhose affecte le nord de la France, où l'on consomme beaucoup de bière et de spiritueux, tandis que dans le Midi, où l'on privilégie le vin, le taux de cirrhose est plus faible qu'aux États-Unis. Au Canada, en 1990, 762 personnes ont été emportées par la cirrhose alcoolique. La même année, les maladies cardiovasculaires ont fait 100 fois plus de victimes: 77 000 morts. La même proportion s'applique aux États-Unis.

La cirrhose, dont la moitié des cas sont causés par l'abus d'alcool, est une maladie terrible qui, la plupart du temps, entraîne une mort pénible. Plus vous buvez, plus vous risquez la cirrhose. À une consommation de 6 verres ou plus par jour, vous la risquez 18 fois plus qu'un abstinent. Pourtant, d'un point de vue plus large, la cirrhose n'est certes pas la pire conséquence de l'abus d'alcool. La différence entre les fumeurs et les buveurs excessifs, selon la sagesse populaire, c'est que les buveurs font du tort aux autres tandis que les fumeurs ne font de tort qu'à eux-mêmes. Aujourd'hui, nous connaissons les effets néfastes de la fumée secondaire et, pour ce qui est de la cigarette, la sagesse populaire ne tient plus. Mais elle tient plus que jamais pour ce qui est de l'alcool.

Les organismes de lutte contre les toxicomanies, qui tentent de quantifier ces phénomènes, ont de la difficulté à chiffrer les dommages causés par l'abus d'alcool. Quelle valeur donner à la vie des victimes innocentes de conducteurs en état d'ébriété? Comment mesurer la douleur de l'enfant — cité par Margaret Cork dans *Forgotten Children* (Alcoholism and Drug Addiction, Toronto, 1969) — qui dit: «Papa a gâché tous les Noëls dont je me souviens en brisant le sapin décoré…»? Ou, pis encore, quelle valeur donner à la peine des enfants qui entendent quotidiennement les cris et les coups provenant de la chambre de leurs parents? Comment mesurer les ecchymoses et les os brisés des femmes battues? Comment mettre un prix sur la violence gratuite, l'agression des enfants, le suicide et le meurtre?

Il y a une dizaine d'années, on estimait que l'abus d'alcool coûtait 12 milliards de dollars par an au Canada et contribuait à 1 décès sur 10. En 1993, aux États-Unis, le secrétaire adjoint à la Santé, le Dr Philip Lee, estimait que l'alcool contribue à 100 000 décès chaque année et coûte à l'État américain quelque 86 milliards de dollars. Ces chiffres sont nécessairement arbitraires. Dans la plupart des pays développés, y compris au Canada et aux États-Unis, le nombre de décès causés par des conducteurs en état d'ébriété a connu une chute spectaculaire au cours des 10 dernières années. Mis à part un noyau dur de conducteurs incorrigibles — et les jeunes conducteurs qui ne l'ont pas encore appris —, tout le monde sait que cela ne se fait pas de conduire pour rentrer à la maison quand on a un verre dans le nez.

Il est légitime de se demander, toutefois, si les personnes qui s'intéressent à leur santé au point de lire le présent ouvrage ne finiront pas par augmenter les statistiques sur les décès ou accidents dus à l'alcool. Les dernières données du ministère des Transports britannique révèlent, par exemple, que l'âge auquel se produisent le plus de décès dus à la conduite en état d'ébriété est 20 ans; presque 60 p. 100 de tous les accidents dus à l'alcool sont causés par des conducteurs âgés de 17 à 30 ans. Nous ne possédons pas de chiffres exacts pour l'Amérique du Nord, mais la plage d'âge en question est de 16 à 35 ans. Les gens qui souhaitent se protéger contre la maladie coronarienne doivent commencer à se préoccuper de la santé de leur cœur à 30 ans, dans le cas des hommes, et à la ménopause, dans celui des femmes. Les hommes qui boivent à l'excès durant l'adolescence et la vingtaine ne le font pas, généralement, dans le but de protéger leur santé.

Si la consommation excessive d'alcool entraîne un coût social élevé, elle entraîne également un grand nombre de maladies et de décès. Après tout, le profil de risque associé à la consommation d'alcool dessine une courbe en U. Les buveurs modérés s'en tirent mieux que les abstinents, non seulement en ce qui a trait à la maladie coronarienne, mais aussi à la mortalité due à toutes les maladies. Mais, après un certain degré de consommation, la courbe monte abruptement, ce qui indique qu'il y a un prix à payer pour le passage de la consommation modérée à la consommation excessive.

Robin Room, vice-président à la recherche à la Fondation de recherche sur la toxicomanie de l'Ontario, m'a dit ceci: «Si vous vous préoccupiez seulement de votre cœur, vous pourriez boire beaucoup. Mais, dans le corps humain, il n'y a pas que le cœur.»

Les statistiques lui donnent raison. Par exemple, une étude de l'Association américaine de lutte contre le cancer portant sur plus de 250 000 hommes âgés de 40 à 59 ans révèle que même ceux qui boivent 6 verres ou plus par jour courent moins de risques que les abstinents de mourir de la maladie coronarienne (l'effet protecteur maximal est toutefois associé à une consommation de 2 verres par jour). Mais les buveurs invétérés ne vivront sans doute pas assez vieux pour jubiler devant leurs voisins abstinents: l'étude en question révèle que, pour ceux qui boivent 6 verres ou plus par jour, le risque de mort par cancer est augmenté de 60 p. 100, celui de mort par suicide de 150 p. 100, celui de mort accidentelle de 73 p. 100, tandis que le risque de cancer de la cavité buccale ou de l'œsophage est multiplié par 6.

Les risques auxquels s'exposent les buveurs excessifs ne s'arrêtent pas là. L'hypertension est un facteur important de la maladie coronarienne. Une étude de l'université de Birmingham attribue à la consommation excessive d'alcool de 10 à 20 p. 100 des cas d'hypertension chez les habitants de cette ville. Après avoir examiné 60 études de population, le Dr Klatsky, le cardiologue californien qui a été le premier à découvrir l'effet protecteur de l'alcool, a constaté que la tension artérielle commence à monter quand la consommation d'alcool atteint 3 verres par jour.

Michael Marmot, professeur au University College de Londres, et une équipe internationale de scientifiques ont confirmé, dans une étude INTERSALT de 1994, que la tension artérielle commence à monter quand la consommation atteint trois ou quatre verres par jour. Marmot a même parlé d'une «fenêtre étroite», voulant dire par là que la protection contre la maladie coronarienne est appréciable quand la consommation est de un ou deux verres par jour, mais que, passé cette consommation, les risques l'emportent sur les bienfaits. Il semble donc risqué de boire dans le but de protéger sa santé. Mais ne vous découragez pas. Continuez de lire — connaissez votre limite et le risque que vous courez, et vous serez déjà dans la bonne voie.

DES LIMITES RAISONNABLES

En 1862, sir Francis Anstie, neurologue britannique, en se basant sur l'observation attentive de ses patients, proposait une limite de consommation quotidienne d'alcool pour la population en général: environ 35 g ou 45 ml d'alcool éthylique pur — soit l'équivalent d'un demi-litre de vin ou d'un litre de bière. Pendant plus d'un siècle, le corps médical n'a pu s'appuyer sur autre chose que sur cette «règle d'Anstie». Aujourd'hui, tout un chacun se met de la partie. L'établissement de limites raisonnables pour la consommation d'alcool est devenu une véritable industrie dans le monde de la lutte contre l'alcoolisme. Le croirez-vous? Anstie avait visé pas mal juste.

D'aucuns diront que sa «limite» était quelque peu généreuse. Mais la plupart des études indiquent que ceux qui consomment jusqu'à trois verres par jour ne se font pas de tort — et en tirent de grands bienfaits. Pour rester prudents, la plupart des experts, dont ceux de la Fondation de recherche sur la toxicomanie de l'Ontario (ARF), placent la limite à deux verres pour les hommes et, généralement, à moins pour les femmes. En Australie, la limite recommandée pour les hommes est de trois verres par jour — à peu près la limite d'Anstie — et de la moitié pour les femmes.

La Grande-Bretagne, bien entendu, devait faire autrement. Il y a plusieurs années, un organisme gouvernemental chargé de l'éducation en matière de santé, le Health Education Authority, a publié un «guide de consommation raisonnable». On pouvait y lire que, s'ils consommaient pas plus de 21 unités par semaine dans le cas des hommes et de 14 dans le cas des femmes, les buveurs ne couraient probablement pas de risques. Malheureusement, les Britanniques basent leur unité (8 g ou 10 ml d'alcool) sur la portion radine (bière mise à part) que l'on sert dans les pubs. L'unité correspond à environ un quart de litre de bière, à un petit verre de vin ou à une portion minuscule de spiritueux.

Toutefois, les Britanniques — comme les Canadiens et les Américains — consomment de plus en plus leur ration d'alcool à la maison. Et quand les gens se versent leurs propres verres, ils ne s'en tiennent pas aux petites portions servies dans les pubs. La revue *Which* a mesuré le nombre d'unités britanniques dans les verres et a constaté des différences alarmantes. Un petit verre de vin rouge australien Jacob's Creek — l'une des marques les plus populaires — correspondait à 1,6 unité et une bouteille de 275 ml de bière Carlsberg à 2,5 unités. Plus alarmant encore, une canette de 440 ml de Tennent's Super Lager correspondait à 4 unités. Faut-il s'étonner des résultats d'une enquête qui révèle que les deux tiers des Britanniques n'ont aucune idée de ce que représente une unité?

Au Canada et aux États-Unis, on est resté collé à la réalité. L'ARF, comme les autres organismes nord-américains, définit un verre comme étant 13,6 g d'alcool, soit l'équivalent d'une bouteille de 12 oz ou 341 ml de bière (à 5°), d'un verre de vin ordinaire de 5 oz ou 142 ml (à 12°) ou d'une portion de 1,5 oz ou 43 ml de spiritueux (à 40°). Ces quantités sont d'un peu plus de 50 p. 100 supérieures à la minuscule et trompeuse unité britannique.

Au moment où j'écris ces lignes, on est en train de revoir le «guide de consommation raisonnable». Ce n'est pas trop tôt. Cette approche fondée sur une consommation hebdomadaire pourrait en fait en inciter certains à consommer toute la ration d'alcool recommandée en une seule fois. C'est la forme la plus dangereuse de consommation. Se faisant dire qu'il est sans danger de consommer 21 unités par semaine — environ 14 verres nord-américains —, les Britanniques pourraient facilement se leurrer et croire que boire les 14 verres durant le week-end ne leur fera pas de tort, contrairement à ce que disent les experts.

«Ce dont nous avons besoin, m'a dit le Pr Martin Plant, c'est d'un message qui mette l'accent sur le régime de consommation.» (Les experts en toxicomanie nord-américains réclament la même chose.) Plant, membre du groupe de recherche sur l'alcool de l'université d'Édimbourg et mari du Dr Moira Plant, a été l'un des premiers spécialistes des toxicomanies à s'attaquer à l'hypocrisie entourant les limites de consommation. Au cours d'une allocution prononcée à Toronto en 1994, qui a fait la manchette des deux côtés de l'Atlantique, il a déclaré: «Le milieu qui s'intéresse à l'alcool est hautement politisé et certains des interlocuteurs ont été motivés par une idéologie et par l'émotion, et non par le poids des preuves.» Selon lui, nous avons été obsédés par les conséquences funestes de l'alcool, alors qu'«études sur études prouvent que la consommation d'alcool offre des bienfaits concrets du point de vue de la santé». «Qui plus est, ajoute-t-il, la plupart des buveurs semblent s'en tenir aux limites qui permettent de profiter des effets bénéfiques de l'alcool. C'est là un fait qui semble mettre certaines personnes mal à l'aise.»

Plant a attaqué de front l'argument avancé par de nombreux experts en toxicomanie selon lequel, en réduisant le taux de consommation *moyen* dans un pays, on réduirait du coup les problèmes reliés à l'alcool. L'idée n'est pas sans attrait: si nous buvions tous un peu moins, nous serions tous en meilleure santé. Mais, selon Plant, cela revient à dire que l'on pourrait soigner la fièvre d'un individu rien qu'en faisant prendre une douche froide à tout le monde. Cet argument est encore plus faible quand on prend en compte les bienfaits pour la santé qui sont associés à une consommation modérée d'alcool. Selon Plant, en ce moment, on n'accorde pas assez d'importance aux bienfaits de la consommation d'alcool, que l'on ne mentionne pas dans les conseils donnés. «Cette omission est curieuse, dit-il. Il faut y remédier.»

Il n'y a pourtant pas lieu de s'effrayer: «Des enquêtes sur la consommation d'alcool en Grande-Bretagne indiquent qu'une faible minorité [moins de 2 p. 100 des femmes et de 10 à 12 p. 100 des hommes, à peu près comme au Canada] consomme une quantité excessive d'alcool. Les études démontrant l'effet bénéfique apparent d'une consommation modérée d'alcool méritent d'être reconnues et de susciter plus d'attention.»

C'est en partie en réponse aux déclarations de Plant, et à la lumière des nouveaux éléments de preuve sur les bienfaits de la consommation modérée, que le Health Education Authority de Grande-Bretagne a entrepris de revoir son guide de consommation raisonnable. Mais est-il vraiment utile d'établir des «limites raisonnables»? Comme Plant me l'a dit, dans la plupart des régions nordiques, comme le Canada, les États-Unis, la Scandinavie et une bonne partie de la Grande-Bretagne, la tradition veut que l'on boive pour se saouler. C'est l'une des raisons — une autre étant la prédilection pour les aliments gras — qui font que ces régions du monde connaissent les taux de crise cardiaque les plus élevés.

Eric Appleby, directeur d'Alcohol Concern, organisme de lutte contre l'alcoolisme financé par le gouvernement britannique, croit qu'une
grande partie des problèmes d'alcool qui sévissent dans son pays sont
attribuables à ce qu'il appelle la «culture de pub». Il aurait pu tout aussi
bien faire allusion à la «culture de bar» nord-américaine: une douzaine
d'amis se retrouvent dans un bar après le travail; on rit; on est de bonne
humeur; chacun paie sa tournée. En réalité, le rythme de consommation est réglé par le buveur le plus rapide. Qui dira: «Assez!»? Trop souvent, personne. La soirée dégénère en beuverie. L'étude internationale
INTERSALT sur la tension artérielle a constaté qu'une telle séance de consommation excessive, même si le sujet n'a pas pris un verre depuis des
semaines, peut faire monter en flèche la tension artérielle. En outre,
comme nous l'avons vu, même si l'alcool offre une certaine protection
au début, il se produit, 18 heures environ après un abus, un effet rebond
qui rend les plaquettes encore plus «collantes». Ce pourrait être le
moment d'une crise cardiaque ou d'un accident cérébrovasculaire. (Il
y a une exception à cette règle. Au cours d'une série d'expériences
réalisées sur des rats, le Dr Renaud a constaté que l'effet rebond ne se
produisait pas dans le cas du vin rouge.) Bien entendu, c'est l'abus d'alcool après le travail ou durant le week-end qui cause des accidents routiers et des incidents de violence, familiale ou autre.

L'ARF, comme d'autres organismes ailleurs au monde, propose une
limite quotidienne au lieu d'une limite hebdomadaire. En plus d'établir une
limite de deux verres par jour pour les hommes (moins pour les femmes),
l'ARF conseille aux gens de s'abstenir d'alcool au moins un jour par semaine.
C'est sans doute un bon moyen de vérifier si l'on est en train de devenir
dépendant de cette substance. Le problème, c'est que, contrairement aux
médicaments, on ne mesure guère l'alcool que l'on consomme.

«Boire de l'alcool est une activité sociale», dit Robin Room, vice-président à la recherche de l'ARF. «Quand nous buvons, nous sommes
influencés les uns par les autres.» Voilà qui laisse entrevoir l'un des
moyens les plus intéressants de se contrôler: nous établissons nos limites
de consommation en fonction des amis qui boivent avec nous. Le
meilleur conseil que les gouvernements puissent donner serait d'inciter
les gens à adopter des habitudes européennes de consommation, lesquelles consistent généralement à boire du vin avec les repas. Le phénomène est déjà amorcé. De plus en plus de gens d'un bout à l'autre du
continent délaissent bière et spiritueux pour consommer du vin, généralement à la maison et généralement avec les repas.

La spécialiste Martha Sanchez-Craig, de l'ARF, a écrit un guide, *Saying When*, sur la façon de cesser de boire ou de réduire sa consommation quand l'alcool est devenu un problème. Elle m'a fait connaître une notion différente, celle des «jours de consommation». La plupart des gens ne boivent pas tous les jours, mais seulement quand l'occasion se présente. Pour satisfaire à cette définition de la consommation d'alcool en société, l'ARF a mis au point une série de principes généraux:

· Ne pas boire plus d'un verre par heure.

· Les jours de consommation, l'homme ne boira pas plus de quatre verres et la femme pas plus de trois.

· Ne pas boire plus de 12 verres par semaine.

· Ne pas boire tous les jours.

Il pourrait être difficile de se rappeler ces règles au cours d'un cocktail: «Était-ce quatre verres à l'heure avec un verre de plus les années bissextiles ou trois verres par semaine sans compter le samedi?» Bien entendu, la consigne de ne pas boire tous les jours va à l'encontre du meilleur conseil scientifique selon lequel la consommation modérée et régulière d'alcool offre la protection optimale pour le cœur. Sanchez-Craig, contrairement à beaucoup de ses collègues du monde de la lutte contre les toxicomanies, manifeste une attitude tolérante en ce qui concerne les excès occasionnels. Selon elle, c'est faire preuve de réalisme que de reconnaître que les gens boivent à l'excès de temps à autre, ce qui ne présente pas de très grands risques s'ils ont prévu, par exemple, de ne pas conduire.

«Il nous arrive à tous de temps en temps de boire trop, ajoute-t-elle. À certaines périodes de l'année, les gens dépassent sans doute les limites. Mais je crois que la plupart des gens boivent raisonnablement.» Nécessairement, les limites proposées par l'ARF de même que la formule britannique ne sont que des approximations.

Comment le Health Education Authority, par exemple, est-il arrivé aux chiffres magiques de 14 et 21 unités? John Duffy, statisticien du groupe de recherche sur l'alcool et collègue de Plant à Édimbourg, dit qu'il s'agit là d'un calcul «très imaginatif». Voici ce qu'il a déclaré à Kathryn McWhirter, du journal *Independent* de Londres: «Les chiffres sont basés sur l'opinion exprimée au cours d'une réunion par un groupe de médecins [...] et de personnes militant contre la consommation d'alcool. La limite pour les femmes a été établie à 14 unités, non sur la foi d'une quelconque étude, mais simplement parce que, la limite pour les hommes ayant été fixée à

21 unités, et les femmes étant "plus délicates", il est apparu au groupe qu'une limite de 14 unités conviendrait. Depuis, les limites de 21 et de 14 unités sont quasiment devenues des tables de la loi.»

Selon Duffy, il est ridicule de laisser entendre que les gens s'attirent des ennuis s'ils dépassent ces limites. Bien entendu, il est évident que la limite pour les femmes devait être inférieure à celle établie pour les hommes: en raison de leur poids plus faible et du fait que leur organisme contient moins d'eau que celui des hommes, on suppose qu'elles absorbent l'alcool plus rapidement que ceux-ci. C'est là la théorie qui a cours.

Linda Bisson, de l'université de la Californie, affirme que ce n'est pas nécessairement le cas: «Il est clair que, sur la seule base de l'étiologie, les hommes devraient être en mesure de tolérer de plus grandes quantités d'alcool que les femmes. En réalité, beaucoup de femmes semblent éprouver moins de difficulté à cet égard que les hommes.» Selon elle, cela pourrait être une question de génétique. Aux yeux de la science, quelles seraient les limites utiles? Il y a des divergences dans les conclusions. Quelques chercheurs laissent entendre que les effets bénéfiques pour la santé sont maximaux quand la consommation est de moins d'un verre tous les deux jours. Les chercheurs de l'étude danoise ont constaté que ce n'est qu'au moment où la consommation du buveur atteint 69 unités britanniques par semaine — soit près de trois litres de bière ordinaire par jour — que les risques pour sa santé correspondent à ceux que court un abstinent. Selon les Danois, si la consommation du buveur est inférieure à cette valeur, il court moins de risques que l'abstinent.

L'étude dirigée par sir Richard Doll, portant sur 12 000 médecins britanniques, tous des hommes, conclut que l'effet bénéfique maximum est produit par une consommation de 20 à 29 unités par semaine; cela signifierait que vous pourriez boire jusqu'à cinq bouteilles de vin ou huit litres de bière, et encore profiter de l'effet bénéfique maximal.

Dans l'ensemble, toutefois, les études ont été étonnamment concordantes pour ce qui est de l'«étroite fenêtre» de protection. L'effet bénéfique maximal pour ce qui est de la protection contre la maladie coronarienne et d'autres maladies se produit pour une consommation de un, deux ou trois verres par jour. Voici ce que déclaraient en 1991 le très prudent Michael Marmot et l'un de ses collègues: «Les études nous portent à croire qu'une consommation de deux verres par jour n'a aucun effet néfaste sur l'appareil circulatoire et qu'elle pourrait offrir une protection contre la maladie coronarienne.»

Au cours d'une autre étude des plus sérieuses, le Dr Michael Gaziano, cardiologue à la faculté de médecine de Harvard, conclut que la meilleure protection contre la crise cardiaque apparaît associée à une consommation pouvant aller jusqu'à trois verres par jour. Le Dr Serge Renaud, dont l'étude sur le paradoxe français a guidé le gros du débat, dit qu'il est «parfait» de boire deux ou trois verres de vin rouge par jour.

Bien entendu, toutes les études comportent une certaine marge d'erreur. Il est généralement reconnu que, lorsque l'on demande aux gens combien d'alcool ils boivent, la plupart sous-estiment leur consommation — habituellement en la réduisant de 50 p. 100. Ainsi, si les études concluent que les sujets obtiennent l'effet bénéfique maximal quand ils disent consommer deux verres par jour, il est probable qu'ils en boivent en fait trois.

QUE DIRE AUX ENFANTS?

Linda Bisson se souvient que, durant son enfance à San Francisco, il y avait toujours du vin ou de la bière à table. Peut-être est-ce parce que son père est canadien-français. «Personne ne nous incitait à en boire ni ne nous en dissuadait», raconte la biochimiste, qui dirige la faculté de viticulture et d'œnologie de l'université de la Californie à Davis. «Quand nous étions petits, si nous en voulions un peu, on nous laissait en prendre. L'avantage, c'est que, durant l'adolescence, nous n'avons eu aucun problème d'alcool ou de drogue. Ceux de nos amis qui avaient été élevés comme nous ne disaient jamais: "Maintenant que j'ai le droit de boire, je vais prendre une bonne cuite." Nous n'avions tout simplement pas envie de le faire.»

Dans beaucoup de pays développés — et nulle part ailleurs plus qu'au Canada et aux États-Unis —, la consommation d'alcool des adolescents sème la panique chez les parents. Je soupçonne que, aujourd'hui, on ne boit pas plus — peut-être même moins — durant l'adolescence qu'on le faisait durant les années 50. Mais, en Amérique du Nord, et de plus en plus en Europe, un élément fatal est venu s'ajouter au problème de la consommation d'alcool par les adolescents: la voiture. Le problème commence quand les jeunes parents déménagent dans les banlieues éloignées, croyant à tort que c'est l'endroit idéal pour élever des enfants. En fait, ces «hameaux» ternes et isolés sont généralement le pire endroit pour élever des enfants, ce que ceux-ci découvrent vite une fois adolescents. L'inconvénient majeur de la banlieue par rapport à la ville, c'est que la voiture y est indispensable. Par conséquent, le lundi, surtout l'été, vous risquez fort de lire dans le journal que trois, quatre, cinq, six adolescents ou plus ont été tués dans un accident de la route, inévitablement aux petites heures du matin, le samedi ou le dimanche, généralement sur une route de campagne, après une fête bien arrosée.

La colère et le sentiment d'impuissance ont poussé les parents à exiger l'adoption de nouvelles lois — qui ne s'attaquent pas au vrai problème, bien au contraire. Les parents voudraient que l'âge légal pour la consommation d'alcool soit haussé, parfois même jusqu'à 21 ans. Après l'échec retentissant de la prohibition comme politique sociale au début du siècle, les Nord-Américains essaient maintenant de l'imposer aux jeunes gens qui ont l'âge de voter, de se battre pour défendre leur pays, de se marier et de fonder une famille. La prohibition pour les jeunes se révèle tout aussi inefficace qu'elle l'a été aux États-Unis durant son imposition à toute la population, de 1919 à 1933. Ces parents malavisés feraient bien mieux de mener une campagne contre l'âge légal pour la conduite automobile, ridiculement établi à 16 ans, ou encore de déménager à la ville, où leurs adolescents, s'ils en venaient à trop boire, pourraient rentrer sans danger en taxi ou en autobus.

Il existe toutefois une autre façon de faire. Je l'ai entendu exprimer de la bouche de presque tous ceux qui ont réfléchi aux côtés sains et malsains de la consommation d'alcool par les jeunes. Il faudrait très tôt habituer les enfants à considérer l'alcool d'une façon raisonnable et adulte. Les jeunes se mettent dans le pétrin parce que l'alcool est une nouveauté pour eux. Une étude menée dans la ville de New Brunswick, au New Jersey, révèle que la plupart des accidents dus à la consommation d'alcool se produisent durant les deux premières années suivant la première consommation. «Surcharger les circuits» de l'adolescent en lui faisant vivre deux nouvelles expériences excitantes à la fois — la conduite automobile et la consommation d'alcool —, c'est chercher les ennuis.

Le Dr Wells Shoemaker, pédiatre californien et auteur de nombreux écrits sur l'alcool, croit qu'il est simpliste et naïf de penser que l'on peut empêcher les jeunes de boire. C'est là une vérité qui s'applique dans la plupart des pays. Alcohol Concern écrit que, en Angleterre et au pays de Galles, 82 p. 100 des garçons et 77 p. 100 des filles ont pris leur premier «vrai verre» avant l'âge de 13 ans. Au Canada, en moyenne, les élèves prennent leur premier verre à leur première année à l'école secondaire.

Aux États-Unis, la dernière panique concerne la consommation d'alcool sur les campus universitaires. Une étude, qualifiée de fausse et de contraire au code professionnel, prétend que la moitié des étudiants sondés sont des buveurs excessifs, sujets à la violence et au vandalisme, et que 90 p. 100 des viols et autres crimes commis sur les campus sont causés par l'alcool. Quelles que soient les vraies statistiques, le Dr Shoemaker est d'avis que les problèmes d'alcool que connaissent les jeunes proviennent de ce que l'on a fait de cette boisson une espèce de fruit défendu, avec tout le mystère et l'attrait que cela implique. Il a eu une véritable révélation quand, à 19 ans, il a quitté la Californie pour aller étudier à Florence. Comme ses camarades de classe californiens, il avait jusque-là été obsédé par une idée: réussir à se procurer six canettes de bière et aller les boire en cachette.

«En Italie, par contre, il y avait toujours une bouteille de vin à table à l'heure du repas. Les étudiants discutaient entre eux et... la bouteille était là, tout naturellement, à côté du pain, du fromage râpé, de la carafe d'eau et des cuillers. Libre à chacun de s'en verser un verre. Il ne semblait pas plus intéressant d'aller se cacher derrière le stade pour boire et faire le fou que de se bourrer les poches de *panini*, toujours à la disposition de tous, pour aller ensuite s'empiffrer», raconte Shoemaker.

Selon lui, les enfants italiens apprennent en observant leurs parents boire raisonnablement: «C'est le modèle idéal.» Ils se rendent vite compte que, dans cette société, celui qui est vu en état d'ébriété est considéré comme un pauvre type, ce qu'aucun adolescent ne souhaite.

Shoemaker pense que la démythification de l'alcool doit commencer à la maison. Si la famille de l'enfant fait partie des 5 à 10 p. 100 des familles pour lesquelles l'alcool est un problème, la cause est perdue. Mais le pédiatre s'adresse aux 90 p. 100 restants. À son avis, les parents qui boivent modérément devraient offrir à leurs enfants de petites portions de vin ou de bière avec le repas. Ainsi, ils s'habitueront à la saveur de ces boissons et n'auront pas besoin d'essayer de la découvrir en cachette. Ils grandiront en comprenant que l'alcool est un élément normal du repas d'une famille modérée.

Ce n'est pas là une solution nouvelle. Dans son étude publiée en 1983, *The Natural History of Alcoholism*, George E. Vaillant écrit ceci: «Faire connaître aux enfants l'usage cérémoniel et consacré de boissons à faible teneur en alcool, consommées en compagnie des autres [...] semble être la meilleure prévention contre l'alcoolisme.»

Les habitants des pays méditerranéens doivent trouver étrange la préoccupation obsessionnelle des parents nord-américains à l'endroit de la consommation d'alcool des jeunes. Dans l'esprit de ces Méditerranéens, la seule approche valable consiste à faire en sorte que le vin soit un produit comme un autre pour leurs enfants. De l'avis de Dun Gifford, l'avocat bostonnais qui consacre sa vie à la promotion des régimes alimentaires sains comme celui des Méditerranéens, l'erreur la plus grave est de présenter l'alcool comme quelque chose de dangereux et d'excitant.

«En Europe, on sait que le vin n'est pas une boisson qui se consomme à l'excès, dit-il. Il faut éduquer les enfants en cette matière. Mais l'éducation doit commencer à la maison, pas à l'école.» Le Dr Renaud est d'accord là-dessus: «Dans les pays méditerranéens, nous commençons à boire jeunes. Moi, j'ai commencé à boire du vin dilué avec de l'eau à l'âge de 12 ans. Commencer à boire jeune des quantités très faibles de vin est un bon moyen d'éviter, plus tard, la consommation excessive du week-end, l'ébriété et les accidents.» Il ajoute que cela permet aussi aux jeunes de commencer à profiter de l'effet protecteur que le vin offre durant la vie adulte.

DEVRAIS-JE BOIRE DE L'ALCOOL? PETIT TEST

Pour beaucoup, cette question semble superflue, puisqu'ils en boivent déjà. Au Canada, 82 p. 100 des hommes et 73 p. 100 des femmes boivent de l'alcool. En Grande-Bretagne, selon le Pr Martin Plant, environ 95 p. 100 des hommes et 90 p. 100 des femmes boivent. Aux États-Unis, ces chiffres sont de 68 p. 100 et 47 p. 100 respectivement. Mais dans les États du Sud plus conservateurs, en Alabama, par exemple, seulement 30 p. 100 de la population consomme de l'alcool: l'esprit de la prohibition y est encore bien vivant.

Les nouvelles preuves que la consommation modérée de vin ou d'autres boissons alcoolisées pourrait avoir des effets bénéfiques sur la santé placent l'abstinent devant un véritable dilemme. Est-il sage, après des années d'abstinence, de se mettre à boire? Quels sont les risques? La plupart des médecins, dans leurs déclarations publiques à tout le moins, empruntent la voie de la prudence: si vous ne buvez pas, ne commencez pas à boire. Mais que doit décider la personne qui a dans sa famille des cas de maladie cardiaque? Celle-ci doit bien réfléchir, parce que décider de boire du vin, après avoir pris les autres mesures de protection nécessaires (cesser de fumer, faire régulièrement de l'exercice, consommer moins de gras), pourrait lui sauver la vie en réduisant jusqu'à 50 p. 100 le risque de crise cardiaque. De même, la personne qui boit déjà doit se demander si elle devrait continuer de le faire, simplement parce que certaines personnes ne devraient pas boire. Voici certaines questions dont la réponse vous aidera à décider si vous devriez boire ou non.

· Y a-t-il des alcooliques dans votre famille — un parent ou un grand-parent à qui l'alcool ne réussit pas?
· Avez-vous déjà eu de la difficulté à contrôler votre consommation d'alcool?
· Des motifs religieux ou sociaux importants vous incitent-ils à ne pas boire?
· Souffrez-vous d'hypertension, de goutte, d'ulcères ou de diabète?
· Êtes-vous facilement dépendant, que ce soit de la cigarette, du café, de la nourriture ou d'autre chose?
· Prenez-vous régulièrement des médicaments qui pourraient avoir des effets néfastes en combinaison avec l'alcool?
· Souffrez-vous d'une affection physique ou mentale — surtout la psychose maniaco-dépressive — que l'alcool risquerait d'aggraver?
· Êtes-vous une femme dont la mère, la grand-mère ou la sœur a eu un cancer du sein? (Voir la section portant sur le cancer.)

Le fait d'avoir répondu affirmativement à l'une ou l'autre de ces questions ne vous rend pas nécessairement inapte à une consommation modérée d'alcool, non plus que le fait d'être incapable de répondre à certaines questions de nature médicale. Dans les deux cas, vous devriez consulter votre médecin avant de prendre une décision.

Bien entendu, il y a des moments où vous ne devriez absolument pas consommer d'alcool: avant de conduire ou de faire fonctionner de la machinerie, par exemple, ou quand vous manipulez des armes à feu ou des matières dangereuses. Il est également déconseillé de boire avant de faire de l'exercice, car l'alcool inhibe les systèmes d'alarme naturels de votre organisme; vous pourriez vous exténuer et être foudroyé par une crise cardiaque. La consommation d'alcool doit être très modérée durant la grossesse (voir la section portant sur la consommation d'alcool chez la femme). À mon avis, la liste officielle des interdictions comporte une lacune importante, que voici: ne buvez jamais quand vous assumez seul la responsabilité de la sécurité et du bien-être d'enfants.

En matière d'alcool, comme en toute chose, chacun de nous est le gardien de son frère. Non seulement nous sommes responsables de notre propre consommation, mais, dans une certaine mesure, nous le sommes de la consommation de nos amis ou invités. Voici quelques conseils:

- Dès le début de la soirée, offrez des boissons gazeuses et des jus, afin que vos invités ne soient pas gênés d'en demander.
- Soyez particulièrement attentif au «conducteur désigné»; veillez à ce qu'il ne manque pas de boissons non alcoolisées.
- Que ce soit à la maison ou à l'extérieur, n'incitez jamais personne à prendre un autre verre.
- Il n'est pas avisé de remplir le verre de vin d'un invité — ou le vôtre — avant qu'il soit vide, parce qu'il devient presque impossible au buveur d'évaluer la quantité d'alcool qu'il a consommée.
- N'accélérez pas le rythme de consommation. Ne vous empressez pas de commander une autre tournée ou de remplir le verre de chacun. Rien ne presse.
- Commandez ou servez des aliments pendant que vous buvez; vous doublez ainsi votre plaisir en plus de votre sécurité.
- Servez de l'eau à vos invités en plus des boissons alcoolisées, surtout quand il se fait tard, afin qu'ils n'épanchent pas leur soif avec de la bière ou du vin juste avant de prendre la route.
- Choisissez des boissons à faible teneur en alcool — vins de table, bière ordinaire au lieu de bière forte — et montrez-vous parcimonieux avec les spiritueux.
- Soyez prêt à appeler un taxi pour tout invité qui ne serait pas en état de conduire.

En gardant à l'esprit ce qui précède et en vous fondant sur les études et conseils de scientifiques et de médecins qui sont rapportés dans le présent ouvrage, vous êtes prêt à prendre votre propre décision. Vous avez encore des questions? Au chapitre suivant, vous trouverez quelques-unes des questions les plus fréquemment posées, ainsi que des tentatives de réponse.

CHAPITRE 8

VOS QUESTIONS

VOUS VOUS DEMANDIEZ...

J'ai entendu dire que les sulfites contenus dans le vin peuvent être dangereux. Est-ce vrai?

Presque tous les produits fermentés contiennent des sulfites, qui sont un sous-produit naturel de la fermentation. Au cours de la vinification, on se sert souvent de sulfites pour assurer une fermentation «propre», durant laquelle les bactéries nuisibles sont détruites. Les levures résistent aux sulfites et ne sont donc pas affectées. Sans sulfites, la production de vin se ferait au petit bonheur et le produit final pourrait bien avoir un goût de vinaigre.

Malheureusement, comme on utilise les sulfites sans discernement, non seulement dans le vin, mais aussi dans les fruits secs — on s'en sert même pour conserver la fraîcheur des salades dans les restaurants —, de plus en plus de personnes deviennent allergiques à ces substances. Dans les cas extrêmes, une exposition importante aux sulfites peut entraîner la mort.

Comment savoir si je suis allergique aux sulfites?

Si vous éprouvez une sensation de constriction ou de picotement dans la gorge après avoir consommé des dattes, des raisins secs ou du vin blanc, consultez votre médecin. Le vin blanc contient plus de sulfites que le vin rouge; toutefois, si vous y êtes allergique, sans doute devriez-vous éviter toute consommation de vin.

Si le resveratrol et les autres composés phénoliques du vin sont si bénéfiques pour la santé, pourquoi ne peut-on les acheter sous forme de comprimés?

Une société pharmaceutique française a mis sur le marché un comprimé en vente libre qui, selon elle, contiendrait des flavonoïdes du vin. Son efficacité n'a pas été prouvée. En fait, c'est la fermentation qui semble être le processus qui libère le resveratrol et les autres flavonoïdes du vin sous une forme assimilable par l'organisme. Toute tentative sérieuse de mettre en marché le resveratrol ou les autres flavonoïdes comme médicaments, surtout aux États-Unis, exigerait sans doute de 10 à 15 années de tests avant que le produit n'atteigne le marché. D'ici là, on peut trouver ces substances dans le vin — un produit dont la sûreté est éprouvée depuis des milliers d'années. Il y a une autre raison qui fait qu'une pilule pourrait être moins efficace que le vin: on estime qu'au moins la moitié de la protection qu'offre le vin contre la maladie coronarienne est fournie par l'alcool qu'il contient. Par conséquent, une pilule n'offrirait pas la même protection.

Si les flavonoïdes se trouvent dans la peau du raisin, pourquoi ne pas se contenter de manger du raisin?

Nombreux sont ceux qui ont posé cette question à Leroy Creasy, le professeur de l'université Cornell qui a effectué certains des premiers tests sur le resveratrol. Mais la plupart des raisins de table — générale-ment plus gros, plus sucrés et de plus belle apparence que les raisins cultivés pour la fabrication du vin — poussent sous des climats chauds et ensoleillés, peu propices à la formation de resveratrol. Même s'il se trouvait que certains raisins de table contiennent des flavonoïdes utiles, il y aurait un autre inconvénient. Il vous faudrait en manger une quan-tité énorme pour obtenir le même effet bénéfique qu'offre un verre de vin. Et comme le raisin contient environ 20 p. 100 de sucre, vous absorberiez une quantité importante de calories.

Et pourquoi pas des raisins secs?

Les raisins secs aussi sont sucrés et apportent de nombreuses calo-ries. De plus, ils sont séchés au soleil. Beaucoup de soleil élimine le resveratrol; par conséquent, même si les raisins en contenaient au départ, ils n'en contiendraient plus une fois séchés. Un dirigeant de l'un des géants de la production de raisins secs, croyant avoir résolu ce problème, a téléphoné à Leroy Creasy: «Nos raisins secs ne voient jamais le soleil. Nous les séchons plutôt dans de grosses machines.» Creasy a consciencieusement analysé les raisins secs de ce produc-teur et y a trouvé quelques flavonoïdes. «Mais ils s'y trouvent en faible quantité, a-t-il dit. Il serait plus avantageux de boire un peu de vin.»

Et le jus de raisin?

Andrew Waterhouse, scientifique californien, répond ceci: «Les jus semblent contenir une quantité étonnamment faible de composés phénoliques.» Et si on ajoute au jus de raisin du resveratrol, celui-ci disparaît au bout de deux semaines. Sa stabilité semble dépendre de l'alcool que contient le vin.

Je fais mon propre vin. Comment être sûr qu'il contienne de grandes quantités des substances chimiques qui me protégeront des maladies du cœur?

Alex Karumanchiri, de la Régie des alcools de l'Ontario, s'est penché sur cette question. Voici son avis: n'achetez pas de jus de raisin pour faire votre vin. Procurez-vous plutôt du raisin écrasé et additionné de sulfites, que l'on vend généralement en vrac dans des contenants réfrigérés. Certes, cette méthode est moins simple, puisqu'il faut presser le raisin, et elle coûte plus cher. En outre, il serait sage de choisir le cépage pinot noir, riche en resveratrol, bien qu'il puisse être difficile à trouver.

N'est-ce pas plus compliqué et plus cher de procéder ainsi?

Oui, comme je viens de le dire.

Vous conseillez de boire un ou deux verres de vin par jour. Cela ne signifie-t-il pas qu'il reste toujours un peu de vin dans la bouteille qui ne sera pas bon à boire plus tard?

Linda Bisson, de l'université de la Californie à Davis, répond que le vin rouge est assez robuste et que le reste de la bouteille vaudra encore la peine d'être bu. «Quand je garde un reste de vin rouge pour le lendemain, dit-elle, je remets le bouchon de liège et je place la bouteille au réfrigérateur. Placez-la sur la tablette inférieure, où le froid est moins intense; versez le verre de vin une demi-heure avant de le boire, pour qu'il soit à la température ambiante.»

À son avis, le vin blanc, lui, devrait être bu dans l'heure suivant l'ouverture de la bouteille. Si vous souhaitez en garder un fond pendant plusieurs jours, ou le conserver à la température ambiante, utilisez l'une de ces pompes à vide destinées aux bouteilles de vin, qui s'accompagnent d'un bouchon spécial. La pompe retire l'oxygène de la bouteille, ce qui ralentit la détérioration du vin.

J'aime le vin blanc doux. Mais il semble que vous ne parliez que de rouges secs. Que devrais-je faire?

Le fait est que les flavonoïdes qui nous protègent contre la maladie font partie intégrante de la saveur particulière du vin rouge sec. Certains vins blancs contiennent de faibles concentrations de ces substances phénoliques et les vineries finiront bien par trouver le moyen d'en ajouter à leurs vins blancs. D'ici là, Linda Bisson recommande ceci: «Bien sûr, commencez par consommer du vin doux, puis passez à autre chose. À mesure que vous boirez divers vins, votre goût évoluera.» Les vins blancs ont leur place; ils sont plus légers et plus délicats. De plus, selon elle, avec ceux-ci il est plus facile d'éviter une mauvaise combinaison avec les mets.

«Dans le cas des vins rouges, dit-elle, tel vin est idéalement consommé avec tel mets. Leur saveur est souvent très intense.» Après un certain temps, vous arriverez à trouver le vin qui convient à votre humeur du moment. «Personnellement, je n'ai pas de vin préféré, ajoute-t-elle. Parfois, au repas, il me faut absolument un chardonnay [cépage dont est issu le bourgogne blanc]. D'autres fois, j'ai besoin d'un zinfandel [cépage rouge californien], voire d'un zinfandel blanc. Tout dépend de mon humeur.»

Il semble qu'il y ait toujours de la lie au fond des bouteilles de vin riche en substances phénoliques. Comment empêcher ces sédiments de tomber dans le verre?

Le fait d'incliner et de redresser constamment la bouteille pendant que vous servez le vin agitera les sédiments. La meilleure solution consiste à verser le vin dans une carafe avant de le servir. Ainsi, les sédiments restent au fond de la bouteille et vous permettez au vin de s'oxygéner, ce qui en fera ressortir la saveur et le bouquet. George Soleas, président du comité technique de l'Institut canadien du vin, recommande de verser le vin dans une carafe une heure avant de le servir. Les vins blancs — de même que les vins très vieux — devraient être bus dans l'heure suivant l'ouverture de la bouteille, faute de quoi ils perdront une bonne partie de leur vigueur.

Dans *The World Atlas of Wine,* Hugh Johnson écrit que beaucoup de jeunes vins s'améliorent si on les verse au préalable dans une carafe. Voici sa méthode: laissant la bouteille dans un panier verseur (ce qui permet à la lie de s'accumuler dans un coin du fond), il retire délicatement le bouchon (sans à-coup sur la bouteille), essuie le goulot, soulève la bouteille sans en modifier l'angle et la verse doucement dans une carafe, jusqu'à ce qu'il commence à voir la lie monter dans le goulot. Placez une lampe ou une bougie derrière la bouteille pour qu'il vous soit plus facile de juger du moment où vous devez cesser de verser le vin. Dans le cas d'un vin très cher, videz la bouteille à travers un filtre, afin de ne pas en perdre une goutte.

Les vieux vins sont-ils plus riches en substances phénoliques?

Cela dépend des substances phénoliques que vous recherchez. Des tests effectués en Californie sur un vieux vin ont révélé qu'il était riche en quercétine, agent anticancéreux, et en autres substances phénoliques. Mais, au cours d'un autre test, effectué à Toronto celui-là, sur une vieille bouteille de vin français, on a constaté qu'il ne contenait presque pas de resveratrol. Peut-être était-ce dû aux conditions d'entreposage: la lumière du soleil détruit le resveratrol.

À quelle heure du jour la plupart des crises cardiaques se produisent-elles?

Le cardiologue torontois Anatoly Langer répond ceci: «En général, la crise cardiaque frappe entre 6 heures et 9 heures du matin, souvent à la maison.» Quand nous nous éveillons, notre système nerveux subit des contraintes pour lancer le corps en action. La tension artérielle augmente, de même que l'«adhésivité» potentiellement dangereuse des plaquettes sanguines. «Ne sautez pas hors du lit, conseille-t-il. Allez-y doucement le matin.» Il ajoute que le phénomène est le même pour les personnes qui travaillent la nuit: elles courent le plus de risques à la fin de la journée, quand elles s'éveillent.

Devrais-je alors prendre un verre de vin pour me protéger contre la formation d'un caillot?

Pas du tout. Le meilleur moment pour préparer l'organisme au stress matinal, c'est la veille. En 1994, des médecins néerlandais ont rapporté que les patients qui boivent du vin avec leur repas du soir présentent initialement une légère diminution du taux de t-PA (activateur tissulaire du plasminogène servant à lyser les caillots sanguins). Mais, le matin venu, leur taux de t-PA et d'autres agents anticoagulants aura augmenté de façon appréciable. C'est cela la protection qu'on obtient au moment où l'on en a le plus besoin.

Je prends de l'aspirine régulièrement pour prévenir les crises cardiaques. Est-il quand même vraiment avantageux de boire du vin dans le même but?

L'aspirine est très efficace pour prévenir la coagulation des plaquettes, donc pour prévenir la formation de caillots. Par contre, elle ne fait pas monter le taux de «bon» cholestérol HDL ni ne réduit celui du «mauvais» cholestérol LDL, comme le font le vin et les autres boissons alcoolisées. L'aspirine n'a pas non plus d'effet antioxydant, contrairement au vin rouge.

Alors, devrais-je cesser de prendre de l'aspirine?

Pas du tout. Les recherches révèlent que l'aspirine et l'alcool travaillent de pair et ont ensemble un effet bénéfique synergique. Attention: l'aspirine peut causer des saignements d'estomac chez certains. Personnellement, je préfère prendre un quart d'aspirine tous les deux jours; on croit que cette quantité suffit à fournir un effet de protection. En cas de doute, consultez votre médecin.

Je prends un supplément d'œstrogène. En ai-je tout de même besoin si je bois un verre de vin aux repas?

Les substances phénoliques du vin rouge augmentent le taux d'œstrogène. Quand la science sera plus avancée, il est possible que l'on puisse alors choisir entre le supplément d'œstrogène et le vin rouge. Le supplément d'œstrogène augmente légèrement le risque de cancer du sein. D'après ce que l'on sait, la faible consommation de vin ne présente pas ce risque. Ne prenez aucune décision sans en parler avec votre médecin.

Je suis diabétique. Devrais-je boire pour me protéger contre la maladie coronarienne?

Le diabète est un important facteur de risque pour les maladies du cœur. En même temps, les diabétiques doivent être très prudents en ce qui concerne la consommation d'alcool. L'Association canadienne du diabète conseille de ne boire que si votre diabète est bien contrôlé, et seulement au cours des repas. Vous devez éviter les boissons sucrées, comme les vins fortifiés, les liqueurs et les mélanges, en plus de faire preuve de modération. Encore une fois, il faut trouver le juste équilibre entre les risques et les avantages.

Cela dit, les scientifiques s'intéressent de plus en plus à l'apparent pouvoir de l'alcool de prévenir ou de retarder l'apparition du diabète chez les adultes. Deux études américaines laissent entendre que l'incidence de l'apparition du diabète chez les adultes est réduite de 40 p. 100 chez les buveurs modérés. Le diabète d'adulte apparaît quand l'insuline du sang perd de son efficacité. L'organisme augmente alors la production de cette substance, le taux de sucre dans le sang augmente et il se produit un dépôt de graisses. Toutefois, des études récentes indiquent que l'alcool rend l'insuline plus sensible (et efficace), stoppant ou ralentissant ainsi la dangereuse chaîne de phénomènes. Dans ce domaine, la science en est encore à ses balbutiements; il vaut la peine que l'on se tienne au courant de son évolution.

Il me semble avoir souvent mal à la tête après avoir bu du vin rouge. Y a-t-il un rapport?

Selon le Dr Vivette Glover, de l'hôpital Queen Charlotte and Chelsea de Londres, c'est là une croyance qui existe depuis des siècles, surtout en ce qui concerne la migraine. C'est pourquoi elle a décidé, avec une équipe de chercheurs, de vérifier s'il y a un lien entre les deux. À trois groupes de migraineux qui se plaignaient d'avoir des maux de tête causés par le vin rouge, on a donné respectivement du rioja, de la vodka et de la limonade, en en masquant le plus possible le goût, afin que les sujets ne devinent pas la nature de la boisson consommée. Neuf des onze sujets ayant reçu du vin ont eu mal à la tête, ce qui n'a été le cas d'aucun des huit buveurs de vodka.

Pour confirmer ces résultats, les chercheurs ont donné du vin rouge à un autre groupe de migraineux qui ne se plaignaient pas de maux de tête dus au vin: aucun d'eux n'a eu mal à la tête. Les chercheurs ont également démontré, grâce à des expériences en éprouvette et à des expériences sur des volontaires, que le vin rouge libère de la sérotonine, substance chimique qui causerait des maux de tête et la migraine. D'autres expériences ont révélé que ce sont les flavonoïdes du vin rouge qui déclenchent les maux de tête.

Faut-il donc que je renonce au vin rouge et me prive de son effet protecteur?

Les clients d'Alex Karumanchiri lui posent souvent cette question. Selon lui, les vins semblent avoir des effets différents en fonction de leur région d'origine. Les vins du Rhône, par exemple, semblent particulièrement susceptibles de déclencher des maux de tête. Karumanchiri conseille donc aux gens de se livrer à quelques expériences: «Choisissez un vin provenant d'une bonne région, de Bordeaux, par exemple, et versez-vous-en un tiers de verre. Si vous n'avez pas mal à la tête, buvez de ce vin tous les jours, en augmentant la dose quotidienne jusqu'à un verre. Si vous avez mal à la tête, essayez un vin provenant d'une autre région. Dressez la liste des vins que vous tolérez. Nombreux sont ceux qui me téléphonent ou m'écrivent pour me remercier, parce qu'ils peuvent maintenant savourer du vin rouge.»

J'ai une affection à la prostate. Puis-je boire du vin?

Votre médecin vous déconseillera peut-être le vin, qui peut être irritant et aggraver votre inconfort. Fait intéressant, le risque qu'une obstruction de ce type se produise est réduit pour les hommes qui boivent régulièrement du vin ou de la bière. Une étude de longue durée, menée à Oahu, Hawaii, sur 7000 Américains d'origine japonaise et publiée dans la revue *Prostate,* a découvert que les buveurs modérés de vin, de bière ou de saké (mais pas de spiritueux) bénéficiaient d'une protection appréciable contre l'uropathie obstructive. Générale-ment, il s'agit d'une obstruction causée par le gonflement de la pro-state, à cause de laquelle les hommes âgés ont souvent envie d'uriner durant la nuit mais en sont incapables.

Ma grand-mère me disait toujours: «Si tu as le rhume, prends une aspirine, bois un grog bien chaud et couche-toi.» Avait-elle raison?

Les grands-mères ont toujours raison! Son conseil est probablement bon, bien qu'il soit un peu démodé pour ce qui est du grog. Les cher-cheurs du Common Cold Unit de Salisbury, en Angleterre, groupe de recherche sur le rhume aujourd'hui dissous, ont consigné les habitudes de consommation d'alcool de 391 volontaires. Ils leur ont ensuite intro-duit dans les voies nasales divers virus du rhume. Les résultats de l'expé-rience ont été surprenants. Le risque d'apparition des symptômes du rhume était réduit de 65 p. 100 pour les sujets qui consommaient réguliè-rement un ou deux verres par jour, comparativement aux abstinents. Et pour ceux qui consommaient deux ou trois verres par jour, l'avantage par rapport aux abstinents atteignait les 85 p. 100. Les deux chercheurs, les Drs David Tyrrell et Sheldon Cohen, ont émis l'hypothèse suivante: l'al-cool réduit peut-être l'inflammation des voies nasales causée par le virus ou encore il s'attaque peut-être directement au virus pour le neutraliser. J'ai presque oublié de vous le dire: l'avantage en question est tout à fait annulé dans le cas des buveurs modérés qui fument!

J'ai entendu dire que l'alcool soulage la constipation.

Tenez-vous bien! Une étude très poussée a été menée sur ce sujet un peu rébarbatif. En 1994, le Dr Christopher Probert a déclaré devant la Société de gastro-entérologie de Grande-Bretagne qu'une consom-mation modérée d'alcool a un léger effet laxatif. Le passage des ali-ments dans les voies digestives prend en moyenne 52 heures chez l'homme et 60 chez la femme. Mais, au cours d'une expérience menée sur 676 hommes et 883 femmes, le Dr Probert a découvert que chez ceux qui consommaient plus de 4 unités britanniques par jour (de 2,5 à 3 verres standard), la durée moyenne du transit était réduite à 49 heures. Chez les sujets qui consommaient moins de 2 unités (environ

1,5 verre), cette durée était de 54 heures, l'effet étant plus prononcé chez les hommes que chez les femmes. Fait étonnant, l'alcool accélérait davantage le transit que la fibre alimentaire tellement vantée.

Quand j'ai parlé à mon médecin des effets bénéfiques pour le cœur d'une consommation modérée d'alcool, il a rejeté d'emblée cette idée. Que dois-je faire?

Beaucoup de médecins, qui essaient pourtant de rester au fait de l'évolution médicale dans de nombreux domaines, ont délibérément ignoré les preuves scientifiques de plus en plus nombreuses des effets bénéfiques d'une consommation modérée de vin et d'alcool — ou ils ne sont pas encore au courant de l'existence de ces preuves. C'est pourquoi, devant les questions d'un patient à ce sujet, ils ont tendance à cacher leur manque de connaissances en répondant: «Ah! cela n'est pas fondé.» Le mieux, c'est de préparer des questions «scientifiques», peut-être glanées dans le présent ouvrage, que vous pourrez poser à votre médecin. Vous serez alors mieux à même de juger de l'étendue de ses connaissances en la matière et de prendre une décision éclairée.

J'ai un vin préféré, un rouge californien, mais j'ignore si sa teneur en flavonoïdes est élevée. Comment le savoir?

Écrivez à la vinerie qui le produit. Vous seriez étonné de voir à quel point la plupart des vineries s'empressent de répondre aux consommateurs qui s'intéressent à leurs produits. Même si la vinerie ne vous donne pas une réponse adéquate, votre lettre servira à sensibiliser les producteurs au fait que les consommateurs s'intéressent à la question. De telles demandes de renseignements inciteront les vineries à utiliser les meilleurs raisins qui soient et à abandonner certaines pratiques, comme le filtrage intensif, qui réduit la teneur en flavonoïdes des vins.

Combien d'années supplémentaires puis-je espérer vivre en buvant modérément?

Et quelle est la longueur d'un bout de ficelle? Andrew Waterhouse, de l'université de la Californie, avance que la consommation modérée de vin peut augmenter l'espérance de vie de trois ou quatre ans. Mais ce n'est pas là le plus important. En ce qui concerne la maladie coronarienne, la plus grande tragédie, c'est la mort au beau milieu de la vie, véritable fléau, surtout chez les hommes. Bien entendu, gagner 2 ans de vie quand on a 75 ans, c'est bien. Mais, dans une perspective plus large, en gagner 20 ou 30 de vie productive quand on est un père âgé de 45 ans, ça, c'est extraordinaire.

BREF...

Dans le sud du pays de Galles, où mes parents ont grandi au début du siècle, les pratiquants étaient sûrs de deux choses: l'alcool était une invention du diable, et mettre les pieds dans un pub, c'était risquer la damnation éternelle. Aujourd'hui, nous sommes plus nuancés. Même un néo-prohibitionniste ne se permettrait jamais de faire de telles affirmations. Mais cette forme d'obscurantisme subsiste dans le monde. De nos jours, le message anti-alcool est formulé dans le jargon du travail social par les bureaucrates des organisations internationales. Mais cela reste le même message que celui qui était clamé du haut des chaires: la consommation d'alcool est un mal, une abomination que l'on doit enrayer à tout prix.

Déguisé en conseil de santé, le message est beaucoup plus efficace que lorsqu'il était proféré par les prédicateurs frénétiques d'autrefois. Beaucoup de gens pour qui la consommation modérée d'alcool ne présentait aucun risque ont été influencés au point de devenir abstinents, ce qui a eu pour conséquence une chute mondiale de la consommation d'alcool et même de vin. Aujourd'hui, le message des prohibitionnistes n'est pas exempt d'un certain cynisme: les professionnels de la lutte contre les toxicomanies, bien instruits et grassement payés, savent très bien que, pour la vaste majorité des buveurs, les bienfaits pour la santé d'une consommation modérée l'emportent largement sur les dangers de l'abus. Je ne dis pas que certaines personnes ne devraient pas s'abstenir de boire non plus que je ne minimise les dommages que causent les buveurs excessifs — non seulement à eux-mêmes, mais aux autres. Mais l'hypocrisie doit cesser. Les preuves scientifiques sont irréfutables. La consommation modérée d'alcool est l'un des meilleurs moyens de prévenir la maladie coronarienne et la consommation régulière de vin améliorera probablement votre santé à bien des égards.

Le monde doit s'adapter à cette nouvelle connaissance. Comme le reconnaissent les personnes réfléchies qui sont citées dans le présent ouvrage, il faut maintenant adopter une double approche de toute la question de l'alcool: à la minorité incapable d'en consommer de façon raisonnable, il faut offrir les programmes d'éducation les plus solides possible, afin de les amener à réduire leur consommation ou à cesser de boire; et aux 90 p. 100 ou plus de gens qui peuvent boire modérément, il faut dire que la consommation de vin en particulier, en plus d'ajouter aux petits plaisirs de la vie, réduit de 40 p. 100 ou plus le risque de crise cardiaque.

De plus, on doit tenir compte de cette nouvelle connaissance des bienfaits de la consommation modérée d'alcool dans l'orientation des recherches et pour l'abrogation des lois puritaines qui constituent en réalité une menace à la santé publique.

C'est la recherche qui doit être le point de départ. En 1993, deux chercheurs néerlandais, après avoir analysé plus de 4000 articles scientifiques portant sur la consommation d'alcool, ont constaté qu'une maigre proportion de 7 p. 100 de ceux-ci étaient consacrés aux effets d'une consommation «raisonnable». Les plus grands experts dans le domaine de la recherche, surtout au Canada et aux États-Unis, m'ont dit qu'il est pratiquement impossible d'obtenir des gouvernements qu'ils financent des projets susceptibles de confirmer les bienfaits de l'alcool. Presque tout le financement est réservé aux chercheurs qui ajoutent à la litanie des ravages de l'alcool.

Cela ne signifie pas que la recherche sur l'alcoolisme doive cesser. Mais il ne faut pas oublier le revers de la médaille. Le potentiel de bienfaits pour la vaste majorité de buveurs modérés l'emporte largement sur les risques que court la minorité de buveurs excessifs. Bien entendu, les gouvernements ne devraient pas inciter les gens à boire. Ils devraient toutefois, dans les pays développés, sensibiliser la population, surtout les groupes qui courent le plus de risques, au prix possible de l'abstention. Les personnes âgées, surtout, doivent savoir qu'une consommation modérée leur sera probablement bénéfique, non seulement sur le plan social, mais pour ce qui est de réduire les risques de crise cardiaque fatale ou invalidante. Les médecins — ceux parmi nous qui sont le mieux informés des bienfaits de l'alcool et qui, pourtant, répugnent souvent à en parler avec leurs patients — devraient être incités à parler de l'alcool comme ils parlent aujourd'hui de l'exercice et du régime alimentaire.

Dans tous les pays, on devrait permettre que les étiquettes de la bière, du vin et des spiritueux mentionnent les effets bénéfiques prouvés de ces boissons, au lieu de mettre en valeur les sombres avertissements que nous sommes habitués de lire sur la moitié des produits que nous consommons. Le Pr David Goldberg entrevoit le jour où, par exemple, les étiquettes des bouteilles indiqueront la teneur en flavonoïdes du vin.

Pour ce qui est des taxes de vente, les gouvernements devraient cesser de considérer l'alcool comme une espèce de vache à lait que l'on peut exploiter sans fin, sous prétexte que c'est une boisson néfaste et dangereuse. Il faudrait surtout cesser de s'en prendre au vin, et il faudrait activement encourager les gens à en consommer modérément à la maison et avec les repas. Certains pays doivent s'attaquer à des attitudes officielles butées à l'endroit de la consommation modérée d'alcool. Les communautés canadiennes et américaines qui sont victimes des marchands de panique, par exemple au sujet du syndrome d'alcoolisme fœtal, devraient sans délai abroger les lois qui font que des affiches terrifiantes et mensongères sur les difformités congénitales apparaissent un peu partout. De la même façon, Washington devrait abolir la loi imposant les avertissements odieux et trompeurs que l'on peut lire sur les étiquettes des bouteilles ou sur les murs des débits d'alcool.

La plupart des provinces canadiennes devraient suivre l'exemple de la Grande-Bretagne et de l'Alberta, et permettre la vente de vin dans les supermarchés. Aucune mesure à long terme ne peut être plus efficace pour que les consommateurs associent dans leur esprit la nourriture et la consommation raisonnable d'alcool.

Il serait bon que les gouvernements et le corps médical prennent certaines des mesures que j'ai énumérées, non pas pour aider l'industrie du vin — qui peut se débrouiller —, mais pour la simple raison que la consommation de boissons alcoolisées, de vin en particulier, pourrait prolonger et améliorer la qualité de vie de millions d'individus. Je ne retiens pas mon souffle. Les craintes de certains médecins et professionnels de la toxicomanie — dont certaines sont bien compréhensibles —, et la puissance, surtout en Amérique du Nord, des néo-prohibitionnistes ont eu pour effet de paralyser le gouvernement en ce qui concerne la question de l'alcool.

Heureusement, la possibilité de nous protéger contre la maladie coronarienne et d'autres maladies en consommant modérément du vin ne dépend pas du bon vouloir des gouvernements. Il suffit que les gens prennent connaissance des faits — dans les journaux, à la radio ou à la télévision, ou encore dans des ouvrages comme celui-ci. Ils pourront ensuite prendre leur propre décision.

TABLE DES MATIÈRES

imprimerie gagné ltée

IMPRIMÉ AU CANADA